NAISSANCE FÉMININE

De la difficulté maternelle

à ma naissance de femme.

à Candice,

à ma mère,

à ma grand-mère,

aux femmes du monde...

SOMMAIRE

Préface

Partie 1 : Maternité

1. grossesse et prise de poids
2. grossesse et solitude
3. accouchement non respecté
4. les premiers jours à la maternité
5. difficulté à allaiter et retour à la maison
6. retrouver une intimité
7. maternité et culpabilité
8. prendre du temps pour moi

Partie 2 : Déculpabiliser et avancer

1. m'informer et découvrir de nouveaux métiers
2. une rencontre qui va tout changer
3. relation avec son nombril
4. un nouveau projet professionnel

Partie 3 : Lien intime avec ma grand - mère

1. souvenirs d'enfance
2. dons de mère en fille
3. un manque immense
4. l'âme d'une artiste
5. magie de Noël

Partie 4: La petite fille différente des autres

1. celle qui écoute
2. celle qui rêve

Naissance Féminine

Lauriane Cartier

PRÉFACE

Bravo à Lauriane pour ce beau parcours.

Transcender toutes les difficultés, la solitude, l'isolement pour en faire une force au service de la Vie.

Nous souffrons avec elle au cours de ces mois de grossesse, au cours de cet accouchement difficile, de cet allaitement avorté malgré le désir initial, et de ce maternage qui ne va pas de soi.

Nous ressentons avec elle le manque d'attention d'abord de son compagnon de vie, de certains personnels de santé, ses peurs énormes qui ne trouvent ni écoute, ni apaisement, sinon le temps....l'horloge qui va finir par adoucir.

La rencontre avec le monde des doulas va être décisive. Elle va aider à la guérison de toutes ces blessures.

Toutes ces difficultés traversées vont lui révéler sa mission de vie, ces articles qu'elle écrit insatiable sur les sujets autour de maternité et féminité, ce blog, et son accompagnement des femmes qui en ont de plus en plus besoin.

A la recherche du sens de la vie, la vie spirituelle autant que la simple vie physique. L'amour....

Le témoignage de Lauriane, émaillé de ses doux poèmes, plaira et touchera de nombreuses femmes, tant celles qui vivent des difficultés maternelles sont pléthores!

C'est un message d'espoir pour elles!

Hélène Goninet
sage femme et sexothérapeute

PARTIE 1

MATERNITÉ

1. Grossesse et prise de poids

Pas très bien dans ma peau, j'appréhende de prendre encore du poids. J'ai un suivi régulier: toutes les trois semaines je vais chez mon gynécologue et je fais des prises de sang. Les premiers mois se passent parfaitement bien mais mon gynécologue décide de m'arrêter deux mois avant mon congé prénatal. J'ai peur de voir apparaître des vergetures un peu partout sur mon ventre. Mon ventre n'est pas très gros et bien rond. Je rentre bientôt dans mon huitième mois et voilà que mon ventre se met à grossir. Je me sens mal, des vergetures apparaissent, je ne vois plus mes pieds, je n'arrive plus à me baisser, je n'arrive plus à m'épiler, je dois mettre des ballerines et les prendre avec une pointure au-dessus. Mais que se passe-t-il? J'ai peur d'exploser. Je me traîne et ne sors plus trop de chez moi. Je me sens mal et ne me supporte plus. Encore deux mois à tenir, mais vais-je y arriver sans craquer avant? J'ai pris cinq kilos en un mois. Je fais attention à mon alimentation, mais, sur les conseils de mon médecin, je ne dois surtout pas faire de régime au risque d'avoir de fortes carences, néfastes pour le bébé. Je dois surveiller ma tension qui ne cesse d'augmenter. Les soucis de santé arrivent...Mes pieds, mes mains, mes seins, mon visage gonflent. Mes bagues ne me vont plus, je renouvelle ma garde-robe. Je commence à déprimer. Je n'ai plus le moral et passe mes journées et mes soirées seule dans mon appartement à attendre que ma fille pointe le bout de son nez. Autre angoisse et non des moindres, ma visite obligatoire chez l'anesthésiste pour la pose de la péridurale. Je stresse énormément. Je suis obsédée à l'idée que l'anesthésiste me juge, dise que je suis grosse et qu'il préfère refuser la pose de la péridurale. Mais soulagée, je ressors de la salle de soins avec un avis positif. J'aurais ma péridurale le "jour J".

Je suis dans mon neuvième mois. Je suis à plus vingt kilos sur la balance. J'ai du mal à me rendre à mes séances de monitoring. Prendre un tramway et marcher dix minutes pour arriver au cabinet des sages-femmes m'est difficile. Des séances de deux heures, deux fois par semaine. Neuf jours avant la date prévue de mon accouchement, je commence à avoir des contractions de plus en plus intenses. Un samedi, je décide de me rendre à la clinique, stressée, afin d'être rassurée sur mon état et sur la santé de mon bébé. J'angoisse, pétrifiée à l'idée d'être encore jugée.

Je suis mal à l'aise, il faut que je me déshabille. Une élève stagiaire vient m'examiner. J'ai honte, je voudrais me cacher. Que va-t-elle penser de moi? L'examen se passe bien et ne décèle aucun souci particulier. Je rentre chez moi. Le lendemain, de fortes douleurs m'envahissent à nouveau. Je n'ai pas dormi de la nuit, les contractions sont intenses. Je ne comprends pas ce qui se passe. Vais-je accoucher aujourd'hui? N'est-ce pas prématuré? Ma mère décide de venir me voir. Les contractions s'accentuent et se rapprochent. Je me plie de douleur. Des heures à patienter, à souffrir. Ma maman, ne supportant plus que sa fille souffre comme cela, appelle la clinique pour leur dire que nous arrivons.

A peine le seuil de la clinique franchi, voilà que je perds les eaux. Mon gynécologue est de garde ce soir -là, mais mon col est dilaté à un centimètre, et j'ai de fortes chances pour que ce ne soit pas lui qui m'accouche. Apprendre cette mauvaise nouvelle m'angoisse davantage. Qui va s'occuper de moi? Qui va mettre au monde mon bébé?

2. Grossesse et solitude

Depuis le début de ma grossesse je me sens seule. Mon conjoint ne me soutient pas, ne m'accompagne à aucun rendez-vous et ne s'investit aucunement dans les achats pour l'arrivée de notre bébé. Je le vis très mal mais j'en parle peu. Elle voit bien que je ne suis pas heureuse, et vient souvent me voir à la maison et faire les courses avec moi. Je pleure souvent de tout devoir supporter seule, moi qui pensais qu'une grossesse se vivait à deux dans la joie et la bonne humeur. Mais je me suis trompée. J'avais idéalisé cette grossesse, pensant que je serais la plus heureuse des femmes, que ma grossesse serait une période magique et merveilleuse. Ma famille vit à plus d'une heure et demie de chez moi, mes amis travaillent. Me voilà maintenant en arrêt de travail, seule à la maison. Isolée, triste, je me sens de plus en plus seule, déprimée. Vers qui me tourner? A qui confier ce malaise? Je culpabilise de ne pas me sentir heureuse enceinte, et je préfère me taire: on me renvoie bien dans mon entourage que la grossesse c'est merveilleux. Je n'ai pas le droit de me plaindre d'un si bel événement. Je passe mes journées à dormir, à regarder la télévision, à bouquiner des livres sur la naissance. Mes seules sorties sont d'ordre médical. Je me renferme et sombre seule.

Je rentre dans mon huitième mois. Je ne fais pas la préparation à l'accouchement. Non pas parce que je trouve cela inutile, bien au contraire (même si c'est la raison que je donne à ceux qui me le demandent) mais parce que j'ai honte de me retrouver avec des mamans sveltes et belles, accompagnées de leurs maris. Mon conjoint est absent, il ne s'investit pas dans ma grossesse, et ne m'accompagne à aucun rendez-vous, à aucune échographie... J'ai vécu ma grossesse seule et cela est très dur.

3. Accouchement non respecté

Dilatée à deux centimètres, je sais que la nuit va être longue. Un peu paniquée, la sage-femme m'examine, me disant que mon bébé est encore haut et qu'il serait préférable que je marche et fasse du ballon pour le faire descendre. J'écoute et m'attèle à la tâche tant bien que mal, car il m'est très dur de marcher longtemps, vu l'ampleur des contractions. J'ai mal, très mal mais je sais que je ne peux rien faire de plus qu'attendre. On est fin mai, il fait déjà très chaud. La sage-femme me dit de compter mes contractions, mais elles ne sont pas assez rapprochées pour elle. J'attends. J'ai mal, je ne sais plus quoi faire, je me tords de douleur. Vers trois heures, elle revient et me pose un monitoring, les contractions se rapprochent mais je ne suis pas encore assez dilatée. Heureusement, ma mère est à mes côtés car je suis perdue. Je pleure, je crie. Puis je sais que mon gynécologue ne m'accouchera pas vu la lenteur de la progression de la dilatation. Un stress supplémentaire s'ajoute: qui va m'accoucher? Serais-je en confiance avec cette personne? Dur de savoir. Je vais dans l'inconnu, avec un personnel que je ne connais pas....

Vers six heures du matin, la sage-femme revient me faire un monitoring et cette fois-ci c'est la bonne. Dilatée à six, et tordue de douleur, je me rends, en marchant, en salle de travail. Ma mère laisse la place à mon copain, qui vient d'arriver, en salle d'accouchement. Quelques minutes après, on lui demande de sortir pour me poser la péridurale. Je ne comprends pas pourquoi il ne peut pas rester mais je ne dis rien. La péridurale est posée. Mon conjoint me rejoint. J'attends que la péridurale fasse effet. Le temps passe et toujours ces mêmes douleurs intenses qui me font très mal, je crie, j'en peux plus. Est-ce normal que je n'en ressente pas encore l'effet escompté? Est-ce normal d'avoir toujours autant mal une demi-heure après? Je n'en peux plus, je crie de douleur. Allongée sur le côté, et perfusée, je suis comme prisonnière, non libre de mes mouvements et cela me dérange. Je demande à mon conjoint d'appeler la sage-femme car je n'en peux vraiment plus.

A ce moment-là, il voit du liquide couler de la péridurale le long de mes fesses. Paniquée, j'appuie sur la sonnette d'alarme en criant qu'il y a un problème. Stressée à son tour, l'équipe médicale s'affole, essayant de comprendre ce qui se passe. Je suis maintenant dilatée à presque huit, la tête de mon bébé est visible. Je vois l'équipe médicale se demander si la pose d'une seconde péridurale est possible ou pas. L'anesthésiste me demande alors si je ne peux pas continuer le travail naturellement, mais exténuée et anesthésiée au niveau des reins et des fesses, j'exige la pose d'une seconde péridurale! Elle se fait avec succès. On me dit d'attendre à nouveau qu'elle fasse effet, mais mon bébé en a décidé autrement et voilà qu'il me faut pousser. Affaiblie, j'ai du mal à pousser alors la sage-femme décide de m'aider. Elle se met à m'appuyer fortement sur le ventre (il s'agit d'une expression abdominale, qui consiste à *appliquer une pression sur le fond de l'utérus, avec l'intention spécifique de raccourcir la durée de la deuxième phase de l'accouchement, qui correspond à la période allant de la dilatation complète du col à la naissance de l'enfant par les voies naturelles)* à la vue d'une contraction sur le monitoring, acte qui me rajoute une douleur supplémentaire. J'aimerais que ma fille arrive vite, et que cet instant de souffrance cesse. Un peu cruel à dire mais je suis tellement déçue à ce moment-là par la pose de la péridurale, par le fait d'avoir fait sortir mon conjoint, par la non présence de mon gynécologue, par cette sage-femme qui me fait souffrir en me compressant le ventre, puis par le fait que l'on m'interdise de boire alors que bon sang j'ai soif. Donnez-moi de l'eau! Je vous en prie. Que de protocoles ridicules.

Il est 12h04: ma fille arrive enfin. A peine posée sur moi, la gynécologue me dit qu'elle vient de me pratiquer une épisiotomie et qu'après l'expulsion de mon placenta, elle va me recoudre. Quoi? Ai-je bien entendu? Une épisiotomie sans mon consentement? Je reste une semaine à la clinique. C'est très long, trop long. Je pleure tous les jours, je ne me sens pas écoutée ni comprise. Je choisis d'allaiter ma fille. Personne ne me vient en aide, aucun personnel soignant n'entend ma détresse. Je garde un mauvais souvenir de mon accouchement, et de l'année qui a suivi. Je sais pertinemment aujourd'hui, que pour une prochaine grossesse je ferais les choses autrement, en me renseignant sur mes droits, en élaborant un projet de naissance, en demandant conseil et en faisant appel à des professionnels.

4. Les premiers jours à la maternité

L'incapacité du père de ma fille à s'investir dans ma grossesse m'attriste. Cela va être difficile de devoir tout gérer seule. Ma fille dans mes bras, je retrace ces neuf mois de tristesse, de colère, d'isolement et ces deux heures de peau à peau passées à pleurer. Ma fille pleure beaucoup et dort peu. Je suis exténuée, mon conjoint absent, je dois tout gérer. Le deuxième soir, j'appelle l'auxiliaire de puériculture pour qu'on vienne chercher ma fille afin que je puisse dormir un peu. Elle a la jaunisse, et là encore j'ai les nerfs. Mon bébé a des séances d'UV à hauteur de deux séances de trois et quatre heures par jour, ce qui est assez lourd. Lors de la première séance du matin, on me dit que la seconde séance sera dans la soirée, que je recevrais un coup de téléphone dans ma chambre. Mais j'attends, je n'arrive pas à fermer l'œil. Je suis épuisée. C'est inhumain et irrespectueux. Pour comble, le téléphone se met à sonner à deux heures du matin, alors que je viens à peine de m'endormir.

Voilà que cet appel réveille tout le monde, y compris la maman et son fils à côté de moi. Je suis gênée par rapport à elle, tellement furieuse contre l'auxiliaire qui m'appelle à cette heure-là. Celle-ci ajoute qu'il faut que ce soit moi qui mène ma fille, et que dans la nuit elle me rappellera pour la tétée. Je n'ai qu'une seule hâte, rentrer chez moi et oublier tout ça. C'est très long pour moi. Ma fille, bébé métisse, a eu une forte jaunisse, et notre sortie de la clinique, prévue le vendredi, est repoussée au dimanche après-midi. Dès le retour de la salle d'accouchement dans notre chambre que je partage avec Anne, je n'arrête pas de pleurer, de me dire que je suis seule, qu'un long chemin douloureux m'attend. J'angoisse beaucoup. J'aimerais que cette deuxième nuit ma fille soit à la nurserie pour que je puisse dormir un peu. Après un accouchement long et difficile, je souhaite être tranquille.

Je me souviens m'être dit: «c'est bon, ça y est, j'ai fait mon boulot alors laissez moi me reposer maintenant». Et là je culpabilise: "Mais quelle mère peut dire cela de son enfant? Quelle mère peut arriver à dire qu'elle ne veut pas son bébé auprès d'elle les premières nuits?" La culpabilité ne cesse malheureusement d'accroître. Impossible de changer la première couche et de donner le premier bain. Je passe mes journées et mes nuits seule avec ma fille. Son père vient parfois vers vingt et une heures mais il ne m'est pas d'une grande aide . Je suis triste, épuisée et en colère de devoir vivre ces premiers jours seule, sans aucune aide. Je fais mine d'être forte mais je craque souvent, très souvent. Les séances d'UV s'accentuent, et voilà qu'on m'informe que quatre à cinq séances par jour sont maintenant nécessaires pour mon bébé. J'angoisse beaucoup, je m'en veux et culpabilise.

Voir Anne et son mari unis, heureux de partager ces doux moments précieux ensemble me fait mal, je les envie beaucoup, mais je n'en parle pas. L'écrire me met encore les larmes aux yeux aujourd'hui. Ils ont de la peine pour moi, et me demandent tous les jours si j'ai besoin de quelque chose, si j'ai besoin d'aide. Ils me trouvent forte de tout supporter seule. Mais ai - je vraiment le choix? Anne est sortie le vendredi matin, et le lendemain elle m'a appelée pour prendre de nos nouvelles et pour me dire qu'elle avait été heureuse de vivre et partager ces moments avec nous. Une vague d'émotion m'envahit, touchée en plein cœur par ces gentils mots réconfortants. Et à ce moment-là je me suis dit, enfin une personne qui voit mon désarroi...

5. Difficulté à allaiter et retour à la maison

Déjà enceinte je savais que je voulais allaiter. Autour de moi, dans la lignée des femmes de ma famille, mais aussi des femmes qui m'entourent, très peu ont allaité, et très peu comprennent ce choix auquel je tiens. Allaiter son nouveau-né est pour moi une chose naturelle, puissante et tout à fait normale. Je les entends encore me dire, ou me murmurer à l'oreille pour les plus gênées d'entre elles, qu'avec tous les bons laits en poudre qui existent aujourd'hui pourquoi, ciel, je vais m'embêter à allaiter? Vais-je douter, poursuivre et maintenir mes idées? Vais-je être influencée par toutes ces femmes? Vais-je être sous leur emprise, m'incliner devant mon choix d'allaiter? Je suis fatiguée, j'ai faim, j'ai soif, j'ai besoin de dormir. Ma fille est là, posée sur moi et la première mise au sein se fait. La gynécologue me recoud, l'aide-soignante me fait une "toilette éclair". Mon conjoint sort de la salle, je me retrouve seule avec ma fille, cette étrangère qui fait de moi une maman. J'ai peur, peur de ne pas l'aimer, peur de ne pas y arriver, peur de la faire tomber. La sage-femme m'annonce deux heures de peau à peau avec mon bébé pour faciliter un bon allaitement et une bonne stimulation du lait. Je devrais être aux anges, savourer et profiter de chaque minute avec ma fille, être émue et ravie de passer ce moment magique et intime avec elle, mais non, je n'y arrive pas. En face de moi il y a une grande horloge, que je ne cesse de fixer. Je compte les minutes, les secondes… Vite, je veux retourner dans ma chambre. Je suis exténuée. J'ai fait mon travail, ma fille est née, maintenant je n'ai qu'un souhait, qu'on me laisse un peu en paix. Il me faut patienter deux bonnes heures encore avant de pouvoir boire et me reposer. Je ne fixe pas ma fille, je n'y arrive pas. Mes yeux se ferment, j'ai peur de la faire tomber. Elle tète mon sein et je me rends compte que je n'aime pas cette sensation. Je n'arrive toujours pas à la regarder, mes yeux sont rivés sur l'horloge, sur ces chiffres qui défilent au compte-gouttes. J'ai l'impression de ne pas être normale, la sensation d'être une mauvaise mère, d'être égoïste et de ne penser qu'à moi. Retour en chambre. Ma fille pleure beaucoup. Les horaires de tétées à respecter m'effraient. J'ai peur que mon bébé ne tète pas assez, peur de ne pas lui donner assez de lait, peur qu'elle ne mange pas à sa faim. Je sens monter une forte pression en moi, je me sens seule, pas soutenue, ni par mon conjoint ni par l'équipe médicale.

Ma fille pleure beaucoup, je n'arrive pas à la calmer, les tétées sont de plus en plus angoissantes. J'ai l'impression de ne pas avoir le droit de me plaindre, moi cette femme tant désireuse d'allaiter mon bébé. Je suis lancée dans une spirale infernale, je m'en veux mais je n'ose pas parler de mon mal être. Je continue d'allaiter mon bébé. Je ne sais même pas quelle position prendre, quelle est la plus efficace, quelle est celle dans laquelle je serais la plus confortable. On me laisse là, je dois me débrouiller seule.

Mes angoisses augmentent. Va-t-elle retrouver son poids de naissance? Mange-t-elle à sa faim? Paniquée, j'attends avec impatience que la montée de lait se fasse car enfin je pourrais me dire que je suis normale, que ma lactation est bonne. J'ai peur de mal faire encore et encore. J'ai cette impression que ma fille est toujours penchée sur mes seins, que je ne fais que ça, la nourrir. D'ailleurs je me demande si je la nourris bien car elle pleure toujours beaucoup, je la sens angoissée, je suis angoissée. Encore une fois je culpabilise en me disant que c'est de ma faute car je sais combien ma peine est perceptible. Je n'en peux plus, je demande à stopper mon allaitement, je sens que ça ne me convient pas, que ça ne rassasie pas mon bébé. Mais j'ai toujours ce sentiment qu'on n'écoute pas ma demande, que je ne suis qu'une jeune mère allaitante comme les autres qui rencontre quelques difficultés et que c'est tout à fait normal. Mes seins me font mal, je n'arrive toujours pas à fixer mon bébé dans les yeux. Allaiter devient un calvaire. Une auxiliaire de puériculture me dit de mettre la première phalange de mon petit doigt dans la bouche de ma fille qui selon elle, est à la recherche de succion. Je n'en peux plus, je craque. Je ne veux plus allaiter. Pourquoi personne ne m'écoute? Il arrive même que je ne la reconnaisse pas lors des tétées en séances d'UV. Je me demande si c'est bien mon enfant. Je la sens, je la respire et je me rends compte que je ne connais même pas son odeur. J'ai hâte de partir de cette clinique, de rentrer chez moi, chez nous.

Nous sortons le jour de la fête des mères. C'est un beau cadeau pour une maman de sortir ce jour-là, mais je ne peux m'empêcher de me dire que c'est un signe, qu'il n'y a pas de hasard. Je doute et ne cesse de culpabiliser... Quel est ce nouveau statut qui me colle désormais à la peau? Ai-je envie et suis-je prête à être une mère? Je quitte la clinique soulagée, mais avec la boule au ventre car je sais que le retour à la maison avec ce petit bout de chou sera difficile. Ma fille pleure toujours autant. Je me sens seule et démunie face aux cris incessants de ce petit être. Je ne sais plus quoi faire, ni vers qui me tourner. Je continue à l'allaiter mais c'est dur, de plus en plus dur. J'ai besoin de repos, de sommeil, d'aide, de soutien, mais personne n'est présent pour moi. Je poursuis l'allaitement à la demande. Les tétées sont longues, mon lait est très clair. Je me demande si je donne assez à manger à ma fille, je culpabilise à nouveau. Le lien ne se fait toujours pas, j'ai peur. Elle dort très peu et crie beaucoup. J'ai peur qu'elle ait mal, qu'elle soit en carence, que mon lait ne lui suffise pas. Je me sens aller droit dans le mur. Je craque souvent, tout le temps, tous les jours et à plusieurs reprises. Comment un si petit bébé peut arriver à chambouler totalement mon quotidien, comment peut- il me rendre si démunie et si triste? Ma mère vient passer une semaine chez moi. Elle a senti que j'en avais besoin, que je n'allais pas bien. Je tire mon lait pour que ma mère puisse donner des biberons à ma fille afin que je puisse dormir. Je me décharge totalement sur elle. J'ai de nombreux engorgements, une fabrication de lait abondante, ça déborde des coussinets. Me voilà obligée d'aller sous la douche masser ma poitrine. Ma fille pleure toujours autant. Mon lait est limpide. Je le pense très peu nourrissant. Ma mère me dit d'aller à la pharmacie acheter une boite de lait en poudre et d'essayer d'alterner sein/biberon. Je lui demande de venir avec moi. Je culpabilise. Je m'en veux de ne pas donner le meilleur à mon enfant, d'échouer dans mon rôle de mère nourricière. Il est très violent pour moi de devoir céder et donner le premier biberon de lait de substitution à ma fille.

Mais bizarrement, elle ne pleure plus. Elle me regarde, et je la regarde téter pour la première fois. Une vague d'émotions m'envahit. Tant de souffrance à présent effacée par une simple prise d'un biberon? Je culpabilise. Je me dis que moi, sa mère, je ne suis pas arrivée à la nourrir durant tous ces jours. Les biberons s'enchaînent. Ma fille les supporte bien. Je la sens apaisée. Elle dort plus longtemps, crie moins. Je décide de ne plus allaiter. D'ailleurs la coupure de mon lait s'est faite nette, rapidement, sans l'aide de médicaments. J'ai longtemps culpabilisé d'avoir stoppé rapidement mon allaitement, mais aujourd'hui je me dis que j'ai fait ce que j'ai pu.

Je sais les bienfaits de l'allaitement maternel, et je sais aussi que je voudrais essayer d'allaiter mon prochain enfant. Je sais qu'il existe des consultantes en lactation, un réseau de soutien et d'aide autour de l'allaitement et je sais désormais que je ferais appel à ces professionnels pour ne pas abandonner trop tôt.

6. Retrouver une intimité

Vient le jour du premier rapport sexuel post-natal, je ne vous décris pas ma souffrance. La pénétration est quasi impossible, je ressens à ce moment-là une forte douleur et des démangeaisons. Je décide d'y mettre un terme et de reporter à plus tard. Entre-temps, voilà venues des fuites urinaires, une vraie incontinence où je me vois contrainte de porter des protections périodiques. Je me pose plein de questions, pourquoi tous ces changements dans mon organisme? Et je comprends rapidement que de nombreux désagréments viennent de l'épisiotomie; que cette intervention m'a complètement abîmé le corps. Tout comme les deux péridurales qui m'ont provoqué, pendant des mois, des douleurs lombaires, et qui m'empêchaient de me baisser.

Qu'il est difficile de voir ce que de telles interventions peuvent provoquer sur notre corps de femme. Je m'en veux d'avoir été aussi naïve, de voir combien mon accouchement a été surmédicalisé et brutal. Je déteste ce corps meurtri et affaibli qui me fait souffrir. Mais j'en parle peu, j'ai honte d'avouer cela à mes proches. Une forte dose de culpabilité vient se rajouter car en plus d'être une mauvaise mère, voilà que je deviens une mauvaise amante...

Je décide d'arrêter la pilule et de me faire poser un implant car en parfaite tête de linotte je sais pertinemment que je vais l'oublier et je ne veux absolument pas retomber enceinte de sitôt. Mais mon gynécologue me conseille la pose d'un stérilet. Il m'explique qu'il y a un stérilet en cuivre, sans hormone qui donne des règles abondantes et douloureuses, et un autre stérilet dit "à hormones" qui ne donne pas de règles. J'opte pour le Mirena. Ça y est, quelques semaines après, le stérilet est posé. Je suis tordue en quatre, avec de fortes douleurs abdominales, j'ai du mal à marcher. Je prie pour que ces symptômes passent vite. Des mois passent, les premiers symptômes s'estompent et laissent place à d'autres qui apparaissent. De grosses céphalées s'installent ainsi que des ballonnements et des douleurs de règles.

Au fil du temps, je commence à avoir de plus en plus mal au crâne, à me sentir lourde, mais aussi un peu déprimée. Je me pose plusieurs fois la question à savoir si cet état est lié à la pose du stérilet. Je me renseigne sur le net, sur des forums, sur des blogs et je découvre alors, béate, tous les effets secondaires qu'un stérilet à hormone peut procurer : déprime, prise de poids, ballonnement, fatigue, maux de tête... Je suis en colère envers mon médecin car j'apprends aussi que sa pose n'est pas recommandée pour les jeunes femmes et surtout après une première grossesse. Je décide alors de me le faire enlever au plus vite pour éviter d'aggraver les dégâts. A cet instant, je désire reprendre ma vie en main, retrouver un cycle menstruel normal et naturel.

poème…

"Corps Perdu

J'aime te regarder, t'observer
Te contempler, t'admirer
Mais aussi t'explorer …
Tu es doux et sensuel
Si Suave, si charnel
Voluptueux et sensoriel…
D'agréables rondeurs
Que tu affiches sans pudeur
Qui font battre des cœurs…
Je te fais confiance
Je me fais confiance
Comme une évidence…
Jusqu'à ce fameux jour
Où mon cœur, trop lourd
T'a brusquement rendu sourd…
Ne m'en veux pas
Je n'ai pas le choix
Que de te laisser là…
Cette solitude me fait mal
Tout comme cette prise pondérale
Qui me font perdre pédale…
Te voilà devenu étranger
Je n'arrive plus à te regarder
Mais j'aimerais te retrouver…

Il m'est violent de te faire face
Et de compter les jours qui passent
Enfermée dans cette carapace...
Trop Longtemps délaissés
Je reprends soin de nous désormais
Pour repartir d'un bon pied...

Pardonne-moi de toute cette ivresse
Je te redécouvre avec tendresse
Et prends soin de nous avec sagesse...
Aujourd'hui je vais de l'avant
Je crois en mes rêves et talents
Je me réveille doucement...
On a du temps à rattraper
Et faire renaître cette complicité
Qu'autrefois on partageait...
Quelle joie d'être à nouveau liés
Toi mon ami, trop longtemps oublié...
Je pleure, je suis fière de moi
Fière de mener ce combat..."

7. Maternité et culpabilité

Les mois passent, et je ressens toujours ce sentiment de culpabilité. Je ne cesse de m'apitoyer sur mon sort en me disant que je suis trop faible, pas assez courageuse, trop déprimée. Mais comme toujours je fais mine de bien aller, de tout contrôler, d'être une mère parfaite et exemplaire, et ça fonctionne. Mais quel sera le revers de la médaille? Jusqu'où vais-je bien pouvoir aller? Jusqu'à quand pourrais-je tenir et supporter ce mode de vie, cet engrenage infernal dans lequel je suis en train de sombrer? Au fond de moi je vais si mal, je me sens tellement seule... Il est si sombre le gouffre dans lequel je me retrouve à présent. Je ne sais comment trouver le bon pinceau pour le rendre plus appréciable, plus gai, plus coloré, plus lumineux. Chez moi, je jongle entre les tâches ménagères et ma fille. Voilà ce qui à présent résume ma vie: changer les couches, donner le biberon, donner le bain, câliner, réconforter, m'atteler au ménage, aux lessives, à la préparation des repas... Je suis totalement dépassée par ce qui m'arrive, par cette nouvelle vie. Ma fille rythme ma vie, je suis son esclave, à sa merci. C'est difficile d'écrire ces mots, mais c'est pourtant exactement ce que je ressens. Je suis comme une machine en perpétuel mouvement, sans aucun arrêt, travaillant vingt-quatre heures sur vingt-quatre. Ses pleurs m'horrifient, me tétanisent, et commencent à me rendre dingue, au point de m'écrouler de fatigue en larmes chaque fois qu'ils recommencent.

Puis arrive le jour où je décide de limiter les tâches ménagères pour m'autoriser à dormir quand ma fille fait de même. Je commence à aller mieux, à me reposer et reprendre doucement un rythme plus sain. Je lâche prise et me mets moins de pression. Je m'autorise à dire que «ce n'est pas grave si ma maison n'est pas nickel, de toute façon à quoi ça sert, je ne reçois jamais personne». Je commence à lever le pied et à penser à nouveau un peu à moi. Physiquement je me sens mieux, mon corps me fait moins mal et j'arrive à me regarder dans le miroir.

Je prends rendez-vous chez le coiffeur, chez la manucure. Même avec ma fille sous le bras, j'arrive à m'octroyer ces petits plaisirs et à les apprécier. Quelle victoire! Seule à la maison, je commence à passer du temps sur internet, sur des forums, à essayer de comprendre ce qui m'arrive. Je ressens le besoin de m'informer sur la difficulté à devenir mère. Je prends alors conscience que je ne suis pas la seule dans ce cas. Quel soulagement, je souffle et me libère de toute cette culpabilité. Me voilà passer des heures à discuter avec des mamans au bord du gouffre, en manque d'informations, pleines de doutes et de désespoir.

Non, nous ne sommes pas de mauvaises mères. Nous manquons juste d'informations et de soutien. Je pose des mots sur mes maux, je vais de l'avant, je cherche des associations et des métiers dans le service à la personne qui pourraient venir en aide à ces mères. Et mon moral va nettement mieux.

poème…

"J'ouvre mon coeur

J'accepte l'aide proposée.
Je choisis de plus être invisible.
Je fais de ma différence une force.
Je m'épanouis.

J'évacue mes émotions.
Ma tristesse, mes larmes.
Je libère mes secrets.
Je me confie.
Je trouve mon équilibre.
Je suis sereine.
Je m'entoure d'amour.
Je partage mes sentiments.
Je me ressource.
J'apprécie la Vie."

8. Prendre du temps pour soi

Ma fille est encore petite, mais je choisis de partir rejoindre ma famille en vacances à l'Ile Maurice. Je pioche dans mes économies, avec ma sœur nous voilà parties trois semaines. Cette petite escapade nous fait un bien fou. Quelque temps après, je pars à Paris chez une amie sans ma fille. Prendre cette décision, n'est pas facile. Son père me fait culpabiliser de la laisser: "cela ne se fait pas de laisser son bébé, c'est égoïste de ta part de partir prendre du bon temps seule, car maintenant tu es une maman, tu ne dois plus t'amuser." Cette semaine loin de ma fille, me fait vraiment prendre conscience qu'il est temps que je repense à moi, que je m'autorise du temps rien que pour moi, entre femmes, sans enfants.

Je me suis totalement mise entre parenthèses. Maintenant cela doit changer. J'ose mettre les choses à plat avec mon conjoint, lui dire que je ne vais pas bien et que je ne suis pas heureuse avec lui. Je décide de mettre fin à cette relation qui me pollue, consciente qu'il a une part de responsabilité dans mon mal être. Je ressens le besoin de rencontrer un autre homme qui me fera me sentir belle. Je m'autorise enfin à penser à moi, à vouloir retrouver ma féminité, en plus de cette mère que je viens de devenir. J'ai besoin de plaire à nouveau, d'être valorisée, courtisée, charmée. J'arrive à laisser ma fille à mes parents certains week- ends sans aucune culpabilité pour aller voir cet homme fraîchement rencontré. Redécouvrir les soirées à deux : aller au restaurant, savourer un vrai dîner, aller au cinéma et redécouvrir la joie des grasses matinées avec un bon petit déjeuner au lit.

poème…

"Reconnexion

Pour la première fois,
Je me suis totalement sentie connectée
À mon entièreté,
À mon moi intérieur,
À ma matrice,
À mon utérus...
Je me sens renaître
Dans la naissance de ma fille.
C'est magique comme sensation.
J'ai besoin de me reconnecter
A mon féminin,
Pour retrouver ce désir estompé,
Cette joie de vivre ternie,
Ce corps que j'aimais
Tant et que j'ai délaissé...
Je suis davantage à l'écoute
De mon corps,
De ce qu'il me dicte,
Et c'est très bien ainsi..."

PARTIE 2

DÉCULPABILISER ET AVANCER

1. M'informer et découvrir de nouveaux métiers

Depuis quelques mois je suis de plus en plus active sur le net, je m'informe sur des sites de parentalité, je lis la presse en ligne, je suis les avancées et les dernières études sur tout sujet en relation avec la grossesse, je regarde les statistiques concernant les pourcentages de péridurale, d'accouchements à domicile, d'épisiotomie, de césarienne en France et dans le monde, je me renseigne sur des études qui parlent des difficultés maternelles... Je me rends compte que ce sont encore des sujets qui dérangent et que notre pays a encore énormément à faire comparé aux pays voisins et je suis choquée de voir que le retard se compte en années.

A cette même période je commence à découvrir de nouveaux métiers en relation avec la grossesse. Je découvre les baby planners, les consultantes en lactation, les animatrices de La Leache League, les éducatrices à la naissance, et je découvre également qu'il existe des formations en portage et en massage bébé ainsi que des formations en chant et yoga prénatal. Je découvre aussi les médecines alternatives comme la naturopathie, la sophrologie pour femme enceinte, l'haptonomie, les soins rebozo. Je suis fascinée de voir qu'en réalité, bon nombre de professions dans ce domaine existent et demandent à être connues et reconnues.

2. Synchronicités de vie

Je découvre un univers que je connais peu: celui de la baby-shower et d'autres fêtes pour célébrer la naissance. J'aime ce concept tout droit venu d'Amérique. Un jour par hasard, une amie à moi qui est cake-designer, me parle d'une baby-shower qu'elle va organiser avec une event planner, spécialisée autour de la naissance. Fascinée, je prends ses coordonnées et entre en contact avec elle. Des mois à suivre ses actualités, à être éblouie par sa créativité et par son talent.

Puis arrive ce fameux et délicieux jour où cette personne me demande si j'aimerais écrire un article pour son blog. Je suis touchée et honorée de la confiance qu'elle me porte et je me lance à la recherche d'un sujet. Et là je tombe sur un petit article qui porte un drôle de nom: le "blessing way". Je ne sais absolument pas de quoi il s'agit, et je décide d'approfondir mes recherches. Je vois qu'il s'agit d'une fête ancestrale que des tribus amérindiennes célèbrent pour fêter une naissance. J'en parle à mon amie, elle me donne le feu vert, et me voilà repartie dans mes recherches. Je me retrouve émerveillée par cette coutume et très vite je me mets à élargir mes recherches pour savoir comment elle peut être célébrée en France et par qui. Et là, je découvre le métier de doula.

La découverte de ce métier résonne en moi immédiatement. Tout de suite je me dis que c'est une présence que j'aurai tant aimé avoir durant ma grossesse. Je finis mon article sur le blessing way, le voilà publié. Je suis vraiment fière de moi, et je ne cesse de remercier mon amie pour sa confiance. Dans la foulée, ma copine me demande si je peux écrire un autre article sur ce qu'est une doula. Ravie, je décide de rentrer en contact directement avec des personnes ayant fait la formation, histoire d'en savoir davantage sur ce métier, encore méconnu. Une doula accepte de répondre à mes questions, je suis émerveillée par ses réponses, par la passion qu'elle a de sa profession. Mon amie publie l'article peu de temps après. Succès garanti. Voilà que mon amie revient vers moi pour me demander cette fois-ci de gérer son blog. Rien que ça! Défi accepté, me voilà lancée dans cette belle aventure. Je prends du plaisir à chercher des sujets, faire des recherches sur le net et récolter des témoignages. Ma copine me fait confiance et me donne carte blanche sur les sujets et la mise en page. Je suis très inspirée et il m'arrive même parfois d'écrire plusieurs articles par jour. Je vais de mieux en mieux, ce nouveau loisir me prend du temps et me rends tellement heureuse. Je me sens utile et plutôt douée dans cette fonction. J'aime échanger avec cette amie sur tous ces sujets autour de la naissance, je me sens vraiment dans mon élément alliant l'écriture et la périnatalité. Grâce à mon amie, j'ai repris confiance en moi et fait de merveilleuses rencontres. Mon esprit s'émerveille indéniablement et des portes s'ouvrent.

Je me rends compte aujourd'hui que tout est parti de là, de cette belle rencontre avec cette merveilleuse amie qui a su me donner une chance et me faire confiance. Grâce à toi ma belle j'ai trouvé mon chemin. Je sais maintenant ce pour quoi je suis faite, ce qui me passionne dans la vie, et la voie que je veux dorénavant prendre. Je ne te remercierais jamais assez pour tout cela.

poème...

"Mains tendues

Je suis de plus en plus motivée,
Prête à aller de l'avant.
Je crois en moi, en l'avenir, en mes projets.
Je sais mes priorités,
Et je veux tout mettre en œuvre
Pour qu'elles se réalisent.

Je sors de l'ombre,
De ma zone de confort...
Et j'y vais,
Je me montre,
Je m'ouvre.
La peur s'estompe,
Elle disparaît.
Je suis touchée,
Et agréablement surprise,

De voir les mains tendues
Qui s'offrent à moi..."

3. Relation avec son nombril

Il est essentiel de rappeler que le placenta est un organe vital qui appartient au bébé et non à la mère. Le bébé se développe grâce à la nourriture filtrée par le placenta, amenée par le cordon ombilical. Un lien très fort unit le placenta au bébé. Un sentiment de flotter dans un espace sécurisant, de s'abandonner en confiance dans ce processus de création. Le placenta est comme un jumeau, une part nourricière qui vit étroitement avec le bébé. A la naissance, les soignants s'empressent généralement de couper le cordon. Mais ce cordon fait partie et appartient au bébé. Regarde-le, il bat encore! Le clamper trop vite c'est priver le nouveau-né d'une partie de son oxygène... Pire encore, c'est un processus de séparation car oui, pendant neuf mois placenta, cordon et bébé n'ont fait qu'un. Et voilà que d'un coup le bébé sort de sa zone de confort et se retrouve coupé de tout ce qui jusqu'alors le rassurait, l'englobait. Quelle brutalité.
Ce n'est qu'à la naissance de ma fille, il y a sept ans de cela, que j'ai commencé à m'intéresser au placenta, et au rôle qu'il pouvait avoir. J'appréhendais un peu le clampage du cordon et les soins à faire les premiers jours de vie en attendant qu'il tombe par lui-même. Mais à ce

moment-là, j'ai été fascinée par ce petit bout de peau qui entourait le nombril de mon bébé. Puis voilà que le petit bout du cordon se détache. Une forte émotion m'envahit. Je pleure. Je décide de le conserver précieusement. Pendant toutes ces années, j'ai gardé ce bout de cordon dans une petite pochette plastique que j'ai accroché dans l'album de naissance de ma fille avec son bracelet. Jusqu'en 2015 je ne m'étais jamais demandé pourquoi. Mais aujourd'hui je sais. Le cordon ombilical représente la naissance, le fil conducteur, l'essence même du code génétique qui nous est propre. Le nombril est vraiment là pour nous rappeler d'où l'on vient, qui on est. Se reconnecter avec son nombril permet de refaire le chemin inverse, de retourner dans notre vrai «chez soi», de devenir vraiment un être entier et de vivre à nouveau en mémoire sa propre histoire par le cordon, le nombril, la tête, les pieds, les cellules, les muscles, les organes... Ce bout de cordon est associé au nombril, au patrimoine génétique de ma fille qui lui permettra de se réapproprier une part d'elle dont elle a pu être séparée... Toutes les deux nous avons eu un début difficile, le lien a mis du temps à se mettre en place.

J'ai sombré dans une difficulté maternelle, j'étais épuisée. Je culpabilisais de ne pas être la meilleure des mamans pour ma fille. Je sais aujourd'hui, que ce bout de cordon a une symbolique très puissante à mes yeux de mère et que le conserver est aussi un lien d'amour qui nous unit indirectement ma fille et moi.

4. Un nouveau projet professionnel

Ma fille grandit, et notre relation évolue aussi avec le temps. Nous sommes fusionnelles. C'est une enfant calme, intelligente, câline, têtue et qui sait ce qu'elle veut. Il est temps pour moi de repenser à mon projet professionnel, de me remettre sur le chemin du travail ou de la formation, de reprendre une activité, de voir du monde, de rencontrer de nouvelles personnes, de me rendre et de me sentir utile auprès des autres.

Le métier de doula résonne toujours en moi et je décide de me renseigner sur la formation. Une doula, est une femme qui accompagne une femme enceinte dans sa grossesse, pendant l'accouchement et en post natal. Elle accompagne la démarche des parents dans la recherche d'informations et dans leurs décisions en créant un environnement rassurant, en les encourageant ou en s'effaçant pour être présente, tout simplement. Elle apporte un soutien affectif et physique par le toucher, des paroles apaisantes, des encouragements. Elle peut aussi faciliter la communication avec l'équipe médicale et écouter les parents qui souhaitent reparler de la naissance.

Ces phrases résonnent encore en moi comme une évidence. Je sais à présent ce que je veux devenir: Doula. Me voilà inscrite à la formation, via l'Institut des Doulas de France. Avant de commencer la formation en janvier, je me suis lancée dans l'ouverture d'un blog consacré à la maternité et la périnatalité "Mettre Au Monde Au Naturel" (les premières lettres de chaque mot réunies forment le mot "maman").

J'ai envie de vivre de ma passion, de relayer des informations, d'écrire des articles, d'être active dans ce domaine et d'échanger avec des mamans qui se posent des questions et s'intéressent aux mêmes sujets que moi. Je suis heureuse de voir que mon blog marche, combien de personnes sont touchées par ce que je poste. Je fais de très belles rencontres, réelles et virtuelles, qui m'enrichissent un peu plus chaque jour. Savoir écouter, dialoguer et échanger sur des sujets tels que la grossesse, l'accouchement, l'allaitement, le maternage. Aucune critique, aucun jugement, aucun parti pris. Le respect est considéré, faisant de chaque femme un être unique et important. Un climat de confiance est tout de suite établi où chacun peut se confier et émettre son ressenti sans être pointé du doigt. Avoir un doute, une interrogation, un désir de partager et oser le faire en ayant en retour une réponse douce et encourageante. Je me sens à ma place dans cet univers et portée par ces personnes.

poème...

"Sur le chemin de la liberté

Tout avance vite.
Tout s'accélère.
Mes projets fusent
Mon esprit chauffe.
Un pas, puis deux, puis trois...
Je suis sur ma lancée.
Je trouve ma voie.
Je retrouve ma voix...
En plein envol, ailes déployées,
Me voilà libérée.
J'ai foi en celle que je suis,
En celle qui renaît
J'y crois.
La machine est lancée.
Tout mon être bouillonne.
Tant d'empressement
Pour de nombreux changements.
L'heure est venue de briller
D'apprécier la Vie
De sublimer la mienne.
Apaisée et sereine
Je la savoure.
Tel un bourgeon, j'éclos."

PARTIE 3

LIEN INTIME AVEC MA GRAND MERE

1. souvenirs d'enfance

J'ai cette photo en tête. Une capture d'écran bien précise. Je suis cette petite fille innocente, le sourire aux lèvres et les billes bleues émerveillées. Vêtue d'un léger ensemble bleu et blanc, d'un petit bonnet sur mes cheveux ondulés, des socquettes blanches et petites baskets bleues. Je suis là, devant ce majestueux cygne, en promenade au parc du rocher de notre Dame des Doms à Avignon, juste au-dessus du Palais des Papes. Que de nostalgie en regardant ou en visionnant cette image dans mon écran intérieur. Une image gravée à jamais. Un moment intemporel, hors du temps. Je n'ai qu'à me regarder, qu'à me connecter à cette photo, à cette énergie qui en émane pour replonger en enfance et sentir la douceur de ma grand-mère. Oui Mamie, tu es là, présente, et je sens ta main qui caresse mon visage, ta bienveillance et ton amour m'envahir d'une tendre chaleur maternante et protectrice. Je me souviens de nos longs après-midis à flâner dans les rues piétonnes de cette ville que j'affectionne tant. Avignon et ses remparts, ses petites ruelles historiques, son pont, son palais, et toutes les autres petites merveilles qu'elle me laisse comme souvenirs en mémoire... Je ferme les yeux et je nous revois prendre le bus, nous balader, aller au parc, donner à manger aux pigeons, prendre le petit train pour aller au rocher des doms, puis faire un tour de manège avant d'aller manger une bonne glace au glacier du coin ou un cornet de marrons chauds en haut de la rue de la Ré... Oh cher carrousel, il n'y a pas longtemps de cela, c'était cet été, je suis revenue te dire bonjour, je suis revenue te contempler. Tu n'as pas bougé mais nous savons tous les deux combien tu es chargé d'histoires et de souvenirs.

Je suis revenue vers toi lors d'un passage au festival en Août, accompagnée de mon père, de ma sœur, de mon frère et de ma fille. Et oui j'ai bien grandi... Me voilà maman d'une petite merveille qui me rappelle moi à son âge. Je la vois émerveillée devant toi, par tes lumières, ta musique, par la magie que tu dégages et diffuses autour de toi. Avec ma sœur et mon frère nous sommes toujours très émus de te revoir, d'être face à toi. Les yeux tout pleins d'étoiles nous repensons très fort à notre mamie d'amour avec qui nous partagions tant de souvenirs gravés à tout jamais en ce lieu féerique. Je vais prendre deux tickets. Une émotion m'envahit en voyant que les tickets sont les mêmes que ceux que je tenais entre mes petits doigts il y a plus de vingt-cinq ans de ça.

Nous vivons un moment fort, très riche. Ma sœur et ma fille montent sur les chevaux à bascule, et se laissent entraîner par la cadence et la musique. Je les vois complices, radieuses, joueuses et ça me met le cœur en joie. Je capture cet instant en filmant le tour de manège. Qu'il est doux encore aujourd'hui de visionner cet instant hors du temps, ce souvenir qui n'a pas de prix. Je n'ai qu'à fermer mes billes bleues, aujourd'hui un peu plus usées et ridées par les années qui défilent, pour faire marcher le train de la pensée et voir défiler tous ces délicieux souvenirs de mon enfance.

Aujourd'hui je vais avoir trente trois ans. Les années passent. Mais rien ne s'efface et ne s'oublie. En une fraction de seconde je me rebranche à mon fil conducteur qui me relie à toi, mamie. Je te sens si proche de moi. Bientôt dix ans que tu nous as quitté, laissant un grand vide et tant de tristesse dans nos cœurs. Mais au fil du temps, j'ai compris que tu n'étais jamais vraiment partie, que tu étais là à veiller sur moi, à veiller sur nous, tel un ange gardien. Tu es ma gardienne de cœur, ma source divine d'inspiration, cette femme chamane qui me protège et m'accompagne dans ma quête personnelle et intime. Tu es cette magicienne qui me montre la voie et qui m'aide à m'accepter avec mes différences. Tu es cette guérisseuse.Tu me permets de me reconnecter à ma puissance et à mes dons de tisseuse d'âme. Tu me rends femme accomplie, femme enracinée, femme nomade, femme déesse, femme sauvage qui croit en son pouvoir de transmission, de créativité et qui ose aujourd'hui révéler et réveiller ce cent pour cent de qui je suis au grand jour. Je ne me sens plus seule. Je te sais présente à mes côtés. Tes caresses m'enveloppent et me rassurent, ta douceur me réconforte, tes mots soignent mes maux... Tes doigts de fée tissent des fils dorés jusqu'aux miens et nous voilà à nouveau reliées, unies à jamais. Ton magnétisme pénètre dans mes doigts, dans mes paumes de mains, et me voilà à nouveau en train de créer: Je peins, je dessine, j'écris, je fabrique, j'improvise, je décore, je cuisine, j'innove... Merci pour tous ces cadeaux que tu me transmets. Ces dons sont de vrais bijoux précieux; je veux vraiment les chérir et en faire bon usage pour les transmettre plus tard à ma fille, et qu'à son tour elle en prenne soin, et les transmette elle aussi à ses enfants et petits-enfants.

Tu sais Mamie, je me reconnecte souvent aux femmes de ma lignée. J'ai compris l'importance et le sens profond de partager des instants intimes en bénédiction avec vous toutes. C'est d'une telle puissance de vibrer dans votre énergie, de comprendre d'où je viens, quelles sont mes racines, quelles sont mes origines; pour me connecter à mon essence féminine sacrée, à celle que je suis véritablement. Je sens ma propre puissance, j'accueille et j'accepte ce qui est. Je m'ouvre à mon intériorité, dans l'unicité. Je libère mes mémoires et je m'ouvre à la lumière, à ma lumière. Je ressens immensément l'énergie de la tisseuse qui crée et ne cesse de créer. Je te vois toi ma chère grand-mère, couturière, magicienne, guérisseuse. J'entends ta transmission, ta puissance féminine, ton pouvoir créateur et je perçois ta lumière violette qui veille sur moi et sur ma fille. Je n'ai plus peur d'être ni de partager la profondeur des savoirs ancestraux qui m'ont été transmis et à mon tour je sème, je transmets, j'offre, je partage. Je vis, je suis apaisée, alignée, ancrée. Je suis guérisseuse, je suis prêtresse. Quand je me connecte à toi, je me revois être cette petite fille devant ce cygne. J'ai cette image qui revient sans cesse.

Je me reconnecte à toi, à elle, quand je me sens perdue, fébrile, vulnérable, triste, seule. Et tous ces beaux souvenirs redessinent instantanément un somptueux sourire sur mon visage. Et je me sens à nouveau vivante, vibrante, puissante, accompagnée, soutenue, comprise et aimée. J'ai une orchidée posée sur ma cheminée, et une améthyste qui me relie en permanence à toi. Je sais que cette fleur est ta préférée et que le violet est ta couleur fétiche. Ton énergie est belle et bien présente et puissante.

2. dons de mère en fille

Aujourd'hui je respire la joie. Je suis ma voie. Je suis une magicienne qui ose être et qui n'a plus peur de se montrer sans son déguisement. J'aime la femme que je suis, j'aime la mère que je suis, j'aime la thérapeute que je suis. J'aime vivre passionnément tout ce que je crée, tout ce que je vis, dans l'accueil, l'authenticité, le rayonnement, le partage, l'amour et la sororité. Je suis femme libre, chercheuse, guerrière, lumineuse, sorcière, accueillante. Je vole de mes projets, je nourris mes rêves, je réveille ma nature instinctive, je rencontre ma réelle mission et éclaire tous les domaines de ma vie. Je prends mon destin en main et m'élance dans l'action. Je suis cette amazone qui remonte à cheval après une chute sans me décourager. Je suis en contact avec Gaïa. Je suis confiante, créative, forte, généreuse, douce, patiente. Nous sommes toutes des femmes du monde, des femmes reliées. Et intégrer cela dans mon corps, dans mes cellules, dans mon cœur, dans mon âme, m'enracine davantage et me connecte à ma mère, à ma grand-mère, à mes tantes, à mon arrière-grand-mère, à mes aïeuls, mais aussi à mes cousines, à mes amies, aux femmes que j'accompagne, puis à ma fille et à toutes ces âmes qui ne sont pas encore incarnées sur Terre. Je sens vraiment la puissance du féminin sacré m'ancrer et m'unir à vous toutes, et c'est magnifique. Je sens une telle évolution en moi depuis la naissance de ma fille. Une vraie renaissance.

Quel beau cadeau elle m'a fait en me redonnant vie! C'est d'une telle puissance, d'une telle beauté. J'en suis toute émue et si fière. Tu sais Mamie, tout n'a pas été facile dans notre relation. Nos premiers jours à deux ont été durs, et le lien ne s'est pas créé immédiatement. Il nous en a fallu franchir des montagnes, surmonter des obstacles avant d'arriver à tisser ce fil doré entre nos mains, nos cœurs et nos âmes. Je t'ai souvent espérée à mes côtés pendant ma grossesse. Ta présence m'a beaucoup manqué. J'ai eu du chagrin, beaucoup de tristesse. Je me souviens de ces petits vêtements que tu avais tricotés quelques temps avant de nous quitter... De la layette pour la cérémonie de baptême. Tu savais que tu n'aurais pas cette chance ni cette joie de voir naître tes arrières petits-enfants, tu avais donc anticipé et cousu ces petites merveilles pour nos enfants à venir. J'étais là avec ma sœur, près de toi, à te regarder, à luire cette mélancolie dans tes yeux.... Aussi étrange que cela puisse paraître, nous étions toutes les trois heureuses de partager ce moment intime ensemble, dans la puissance de la lignée de notre famille. Tu étais tantôt songeuse, tantôt rieuse, à ta juste place, dans l'accueil de tes émotions. C'était surprenant de capter une telle beauté d'âme, une telle sérénité, un tel ancrage dans l'ici et le maintenant.

3 . un manque immense

Papi nous a quittés. Tu es tombée gravement malade peu de temps après. Je venais très souvent te voir pour m'occuper de toi, pour te tenir compagnie, pour ne pas que tu sombres seule dans ce grand appartement chargé de souvenirs. J'arrivais le cœur serré et triste, mais une fois le seuil de ta porte franchi je te faisais un grand sourire en te serrant dans mes bras. Tu ne pouvais plus cuisiner, plus tricoter. Ce qui te passionnait pendant toutes ces années te devient aujourd'hui impossible à faire. Je ressentais ta souffrance, j'avais mal pour toi ma douce Mamie. Pourquoi toi? Pourquoi cette injustice? Tu ne mérites tellement pas de vivre dans la douleur, toi qui as toujours été une femme et grand-mère au grand cœur. Pourquoi vis-tu cela? Pourquoi la maladie s'en prend à toi? Mon cœur de petite fille est en colère contre la vie, contre la mort, contre ce foutu cancer.J'ai souvent écrit des poèmes sur toi, sur cette période de ta vie, de notre vie. Car oui, ta vie c'était la mienne. Tu étais tout pour moi : Une femme généreuse au service de l'humanité, une mère et une grand-mère aimante et à l'écoute, une épouse fidèle et patiente. Tu étais si drôle, si jeune d'esprit, créative, active, spontanée, intuitive, accueillante, chaleureuse. Tu avais soif d'apprendre et d'aventure. Oh combien j'aimais te voir connectée à ta petite fille intérieure, te voir sourire, t'entendre rire... Tu respirais la joie de vivre, tu resplendissais.

Je t'ouvre les volets, j'aère toutes les pièces. Je te sers ton plateau repas. Mais tu as perdu l'appétit. Je t'aide à te déplacer dans ton fauteuil roulant. Ce n'est pas évident de passer dans ton long couloir trop étroit. On s'installe sur ton canapé et on papote de tout et de rien. J'essaie d'apporter de la légèreté et d'être ton rayon de soleil. Je vois dans ton regard que je le suis. Tes yeux pétillent d'amour même si j'en perçois également beaucoup de souffrance. Je pars de chez toi le cœur lourd à chaque fois car j'ai peur de ne plus te revoir. Oui j'ai peur qu'on m'annonce que tu es partie. J'ai peur que tu m'abandonnes. J'ai peur de me retrouver seule. Ma petite fille intérieure a besoin de toi, j'ai besoin de toi. Ne me laisse pas. Je t'en supplie. Je continue à écrire sur toi, sur ce que je ressens. Je n'ai jamais fait lire ces textes à personne. C'était mon petit jardin secret, une manière d'être toujours reliée à toi et de te montrer que j'étais là. Puis tu as été transférée en soins palliatifs à Marseille... Et là j'ai su que c'était bientôt la fin.

Tu es si maigre, si absente. J'ai du mal à te reconnaître. D'ailleurs toi tu ne me reconnais plus. Et quelle douleur de constater que tu ne sais plus qui je suis... Ça fait mal, tellement mal... On me conseille de sortir prendre l'air et même de ne plus venir te voir. Mais c'est hors de question et totalement impensable pour moi. Je t'accompagnerai jusqu'au bout. Je ne peux plus te prendre dans mes bras car le moindre effleurement te fait déjà tant souffrir... Je me contente de te regarder dormir et gémir de douleurs. Je te parle. Je te raconte des histoires et t'énumère de nombreux souvenirs de moments passés ensemble. Cela réchauffe ma petite fille intérieure, qui a partagé tant de belles choses avec toi. J'accueille et me laisse traverser par mes émotions. Des larmes coulent, des sourires apparaissent... Je caresse tes mains et tes cheveux. Je sais que tu sens ma présence. Je suis là, ta petite fille est là.

Quelques jours après tu t'en es allée. J'ai cette sensation qu'on m'arrache les entrailles et qu'il ne me reste plus rien. Quel avenir vais-je avoir sans toi ? Toi mon ange gardien, ma source d'inspiration, ma confidente, celle qui m'a tant donné. J'ai mal, je me sens si seule... J'ai peur de demain. Mais je laisse de côté ma tristesse une fraction de seconde en me disant qu'il était temps pour toi de ne plus souffrir et de rejoindre papi aux cieux. Je te vois légère, souriante, apaisée, prendre ce couloir lumineux qui te mène à lui. Il t'attend et je sais qu'il prendra soin de toi. Va Mamie, va.... Mais je t'en prie, ne m'oublie pas et continue de veiller sur moi.

Aujourd'hui j'ai grandi. Je suis une femme. Après avoir vécu de nombreuses expériences douloureuses, je choisis d'être actrice et plus spectatrice de ma propre vie. Je prends mon envol, je suis la voie sacrée de mon cœur et de mon âme. Tu es ma force. Dès que je flanche, que je déraille, que je suis perdue ou terrorisée, tu es là près de moi. Je n'ai qu'à lever les yeux au ciel, te murmurer un mot doux ou te tendre la main, et hop tu apparais par magie. Je ne te pleure plus, je te souris. Ces mots sont d'une telle puissance. Qu'en penses-tu?

4. l'âme d'une artiste

J'aime créer. Le simple fait d'écrire ces mots me fait systématiquement penser à ma grand-mère. Mais je pense aussi à mon père, créatif et minutieux. Je pense tenir cela de lui aussi. Créer procure tellement de joie: un éveil des sens, une connexion directe à notre enfant intérieur, une ouverture au monde, au divin. Une invitation au voyage et au lâcher prise. J'ai l'âme d'une artiste. Aujourd'hui j'ose l'écrire et le dire, je n'ai plus peur. Je suis le reflet de mon âme, de ma vibration intérieure et j'accueille à bras ouverts cette merveille qui s'exprime en moi. Je me sens légère. Je souris. Je m'abandonne à mes rêves, et tel un funambule je caracole sur ce fil vers les étoiles qui scintillent. Je me sens une fée tourbillonnante ancrée entre terre et ciel. Mon âme se connecte à mon corps et une énergie cosmique émane de moi. Je virevolte. Je danse au diapason avec la vibration de mon âme, reliée à ma petite fille intérieure qui me guide vers la lumière. Je vibre de l'intérieur et m'exprime vers l'extérieur. C'est tout doux, comme un bourgeon qui éclot au printemps, un oisillon qui déploie ses ailes. Je suis cette rose majestueuse et féminine, je suis cet oiseau qui prend son envol. Je m'élève et m'éveille vers cette unicité, vers ce tout. Je danse ma vie.

poème...

"Je danse ma vie

Je déborde de créativité.
Je peins.
Je dessine.
J'écris.
Je médite.
Je danse.
Je me laisse guider.
Je me laisse porter
 Par tout ce qui m'anime.
Je suis dans le " flow ".
Je m'écoute.
Je lâche mon mental.
Je vibre au son de mon cœur.
Je suis mon intuition.
Mes sens s'éveillent.
Je suis en mouvement.
Je me sens vivante."

5. magie de Noël

Je suis cette petite fille, cette adolescente, cette jeune femme qui aime la période de Noël. Cette fête est pour moi un moment spécial, symbolique, qui me relie chaque année encore plus intensément à toi ma douce mamie. Aujourd'hui me voilà mère. Te voilà arrière-grand-mère. Tu n'es plus là mais je te sens si présente. Ton âme est palpable, je te sens près de nous. Tu nous protèges. Je regarde ma mère différemment. Elle est à son tour mamie. Quand elle est avec ma fille je perçois dans ses yeux la même lueur que tu avais quand tu nous regardais. Je suis toute émue. Je me revois enfant et me remémore tant de souvenirs. L'envie de décorer mon sapin et mon appartement me revient. Ton énergie est là, réelle. Tu me donnes la force et le courage de m'éveiller et de vivre pleinement ces fêtes de fin d'année. Tu es là dans chacun de mes gestes, dans chacune de mes décorations, dans chacun de mes plats... Tu es ma source d'inspiration, ma muse, mon ange gardien. A chaque réveillon, tu me nourris de joie, d'amour inconditionnel et merveilleux. Tu me permets de me reconnecter chaque année à ma petite fille intérieure aux yeux étincelants face à la magie de ce jour si précieux.

J'aime entendre mon frère et mes quatre cousins parler de toi mamie. Ils sont là, assis sur les tabourets rouges de maman à énumérer des souvenirs de leur enfance. Oh oui, ils ont bien grandi. De vrais beaux jeunes hommes maintenant. C'est fou comme le temps passe vite. Je les revois si petits et innocents. Avec ma sœur, ma mère et mes tantes nous les écoutons. Qu'il est doux de les entendre parler de toi ainsi. Étant plus âgée, je n'ai pas les mêmes souvenirs qu'eux,

mais les voir rire et nostalgiques me mets en joie.
Tu es là, présente avec nous tous en ce jour si
particulier. Ta chaleur nous enveloppe et tes mains
nous caressent. Nous t'aimons tellement notre
chère mamie.

PARTIE 4

LA PETITE FILLE DIFFÉRENTE DES AUTRES

1 . celle qui écoute

J'apporte de la joie et de la douceur dans ma vie, et je comprends vraiment ce que signifie être bienveillant avec soi-même. Je tâche de ne plus m'oublier, et de ne plus faire passer les désirs des autres avant les miens. Enfant déjà, on me cataloguait de petite fille trop gentille, trop renfermée, trop timide, trop serviable, trop ceci, trop cela. Mais la faute à qui, à quoi? J'ai toujours été celle qui comprenait tout, qui captait tout très vite, qui était toujours là où il ne fallait pas que je sois. J'ai été responsabilisée bien trop jeune. J'ai grandi bien trop tôt. Je suis cette petite fille créative, imaginative, solitaire qui aime jouer à ses poupées pendant des heures. J'ai cette facilité de me connecter à mon âme d'enfant et de faire marcher mon imagination. J'adore partir dans de grandes histoires, qui n'ont parfois ni queue ni tête, mais qui me correspondent et me font m'évader de ce quotidien, et de cette vie d'adulte qui m'effraie.
Je n'ai jamais compris pourquoi ma mère s'inquiétait de mon état, pourquoi elle croyait que j'étais triste ou différente des autres petites filles sous prétexte que j'adorais être seule, créer et rêver? Qui a-t-il d'étrange dans le comportement d'un enfant qui ne fait que rêver et vivre son innocence? Je me souviens combien il m'était insupportable d'entendre des disputes, des jugements, des paroles violentes. Ma chambre était mon exutoire, ce refuge si doux qui m'apportait du

réconfort. Je pouvais tout dire à mes jouets car je savais qu'ils ne me jugeraient pas et ne trahiraient jamais. Il est parfois si difficile de faire entendre sa voix ou de se faire comprendre quand on est enfant. Mais pourquoi donc? Les enfants ont tellement à apprendre et à apporter aux adultes. Je suis cette petite fille hypersensible différente des autres petites filles de mon âge.

Mes parents m'ont responsabilisé très tôt. Je prépare mon petit frère le matin et l'amène chez sa nounou avant de prendre le chemin de l'école. A onze heures trente je m'arrête acheter le pain à la boulangerie puis je rentre me faire réchauffer à manger au micro-ondes. Je suis souvent seule à la maison. Puis je repars pour treize heures trente à l'école. Il est très rare que ma mère ou mon père vienne me chercher à l'école. J'aimerais parfois être ces «autres» élèves dont les mamans sont là, à attendre leur enfant avec un grand sourire et un petit pain au chocolat dans la main en guise de goûter. Je les envie encore ces petits camarades. Je n'en veux pas à mes parents, ils font du mieux qu'ils peuvent, enfin c'est ce qu'ils me disent. Parfois sur le chemin du retour je m'arrête à nouveau à la boulangerie pour m'acheter une guimauve ou un kinder surprise. J'ai toujours aimé les merveilles que cachent ces petits œufs jaunes. J'en avais des tas à la maison, et passais des heures à créer des villages et autres lieux pour ces mignons petits personnages.

2. celle qui rêve

Je ne m'entends pas vraiment avec ma sœur. Elle est plus âgée que moi. Nous sommes totalement différentes. Elle très garçon manqué, et moi très «fifille». Elle aime le sport, moi pas. Elle est extravertie, moi introvertie. Elle adore sortir, pas moi. Elle est bordélique, moi méticuleuse. Quasi tout nous oppose et pourtant nous partageons depuis toujours la même chambre. Qu'il a été difficile de cohabiter dans un petit espace avec une personne qui ne partage rien en commun avec moi. Je me sens là encore, souvent incomprise, jugée, pas respectée dans ce qui m'est précieux et ce qui est juste pour moi. Je m'isole davantage. J'ai des copines à l'école, mais j'en invite très peu à la maison. Je vois très souvent ma meilleure amie et ça me convient parfaitement. J'ai toujours entendu mon papi dire «Les amis c'est comme les melons, sur dix il n'y en a qu'un de bon». La qualité prime sur la quantité. Et c'est bien vrai.
Je suis cette petite fille qui ne s'ennuie jamais. Je trouve toujours à m'occuper, et c'est encore le cas aujourd'hui. J'aime chiner, créer, décorer, cuisiner, lire, écrire, inventer, innover… La vie est tellement merveilleuse et nous offre de si beaux cadeaux. Comment peut-on s'ennuyer? Comment est-il possible de perdre à ce point son âme d'enfant? Comment un enfant peut-il penser comme un adulte et un adulte oublier qu'il a été un enfant?Je m'interroge souvent sur ces questions. Et si se

connecter à son enfant intérieur n'était autre que de se relier à la puissance de son cœur? Je veux croire en mes rêves et les rendre réalisables. Je suis une petite fille ambitieuse, un soupçon utopique, qui choisit de vivre au son de sa vibration intérieure et de vivre de sa «soi-disant différence».

poème ...

"Telle une poupée russe

Je cesse de me disperser,
Je tombe les masques…
Je m'accepte telle que je suis.
J'accepte toutes mes facettes.
Ma personnalité est riche.
Je me recentre sur moi.
Je suis fille,
Je suis femme,
Je suis guérisseuse,
Je suis chamane,
Je suis déesse,
Je suis artiste,
Je suis créatrice !
Je retrouve mon authenticité.
Je prends soin de moi.
Je me connecte à mes sens.
Je me relie à mon essence.
Les projets sont nombreux,
Je les laisse venir,

Je les accepte.
Je me sens apaisée,
Je suis sereine,
Je me libère…
Je suis, tout simplement.”

PARTIE 5

DANS LE CORPS D'UNE FEMME

1. le premier jour de mes règles

Je me souviens du premier jour de mes règles, j'avais neuf ans. Naïve, gamine, fragile, insouciante, voilà que je perçois ces petites tâches rouges dans le fond de ma culotte, puis des gouttelettes tomber dans les toilettes. Sur le moment, je ne comprends pas ce qui se passe. J'appelle ma mère qui me dit : "Ah mais ma chérie, ça y est tu as tes règles! Tiens, mets cette serviette périodique sur ta culotte. Te voilà entrée dans la puberté». Sa réaction est assez violente.

Je me sens perdue et intriguée par ce changement, par cette nouveauté dans mon corps que je m'apprête à rencontrer tous les mois, pendant de très nombreuses années de ma vie. Demain est un jour d'école, j'appréhende. J'ai peur qu'on me juge, peur de tâcher mes vêtements, peur que ça se sache. Je n'assume pas, je suis petite, une si petite fille encore. Pourquoi ces règles arrivent-elles si tôt? Je trouve cela injuste. Je ne veux pas être une femme, j'ai encore tellement de choses à vivre, à explorer, à partager avec mes copines de classe. Je sens que ces règles m'isolent peu à peu, je me sens différente, changée. Comme si j'étais déconnectée de mes discussions avec elles, et incomprise par moments.

Je grandis et me forme tôt, trop tôt. Je pousse à une allure que je ne peux contrôler et cette non maîtrise m'effraie et me met en colère. Pourquoi diable ai-je mes règles et pas mes copines? Est-ce normal d'avoir ses règles à mon âge? Mais je n'ai pas le choix, je dois faire avec. La vie m'a offert ce cadeau et il me faut l'accepter.

2 . face aux changements

Comme à chaque fois, de fortes douleurs m'envahissent. Complètement alitée, je fais face à des crises de colite, des menstruations hémorragiques associées la plupart du temps à une chute de tension. Chaque venue de règles m'angoisse. Toujours cette appréhension d'avoir encore et à chaque fois mal. Pendant toutes ces années, j'ai comparé et associé mes cycles à de la douleur, de la saleté, du mal-être, du désagrément. Un peu plus tard, sur quelques conseils reçus, me voilà sous pilule. A moi les hormones chimiques et les effets secondaires qui vont avec! Au début de sa prise, je remarque une légère amélioration, mes règles me font moins mal, mais cette douleur ne s'estompe pas totalement non plus. Parallèlement à cela, je me sens mal dans ma peau. Je grossis. Je me renferme. Je grandis.

Ma poitrine se développe. Je me sens femme à l'extérieur. Et, étrangement, je commence à plaire aux garçons, tous plus âgés que moi, bien évidemment. L'adolescence passe, je vis avec mes menstruations, elles font partie de moi, mais à part les associer à douleur, sexualité et fécondité, je ne ressens toujours pas ce qu'elles peuvent provoquer et procurer en moi, intérieurement. Je n'arrive plus à me connecter à ma petite fille intérieure. Comme si l'arrivée de mes règles m'interdisait de lui parler car j'étais devenue une «femme», et qu'une femme doit être responsable et non rêveuse.

La majorité arrive, je me sens femme, je me sens féminine. Je prends soin de moi physiquement. Maquillée, bien coiffée, bien habillée, épilée, parfumée, manucurée, je ressens cette envie et ce besoin de plaire. Je me révèle. Je me dévoile. Je m'assume. Sans doute aussi parce que toutes mes copines sont réglées, et qu'il n'y a plus cette différence et ce fossé entre nous. Je me sens libre de parler enfin de sexualité et de mon intimité avec elles. Quel soulagement et quel plaisir de partager tout cela ensemble! Je redeviens plus tendre avec moi-même, dans l'acceptation de qui je suis profondément. J'arrive peu à peu à reprendre contact avec ma petite fille intérieure. Elle se réveille, et me redonne le sourire, le goût du jeu, la joie de vivre. A cette époque, je décide de prendre la pilule essentiellement lorsque je fréquenterais un jeune homme, et de la stopper en période de célibat. Sans toutes ces hormones quotidiennes, je réalise que je me sens mieux, alors je diminue de plus en plus ma prise de pilule. Lors de mon ovulation, je commence à percevoir une période d'excitation, d'hyperactivité, d'hypersensibilité, chose que je ne ressentais pas (pré)adolescente. Et de dix-sept à vingt-cinq ans, me voilà partie en quête de sensations nouvelles, à la recherche de plaisir et d'adrénaline. J'ai une sexualité épanouie et une envie de séduire débordante. Je me sens parfaitement bien dans ma tête et dans mon corps, j'ai confiance en moi. Je resplendis le bonheur et la joie de vivre. Je tombe plusieurs fois amoureuse, et quel délice de goûter à cela et de vivre en osmose avec une personne qui me plait.

Ma petite fille intérieure me fait avoir confiance en moi. Je suis mon intuition, je lâche prise, j'ouvre mon cœur et lâche mon mental. Je m'abandonne dans ces relations que je juge parfaites dans l'ici et le maintenant. Je suis créative, joueuse, imaginative, séductrice, complice, maligne.

3. à l'écoute de mon cycle

Mes menstruations ne m'handicapent plus: elles font partie de moi, je vis avec, je les accepte. Et en les acceptant, je prends conscience que je m'accepte aussi davantage comme la femme que je suis. Je sais depuis quelques années maintenant que la femme est cyclique et non linéaire. Comprendre cela et le conscientiser a réellement eu un impact sur ma vie de femme. J'accueille et vis totalement différemment mon cycle. Je n'ai plus peur d'avoir des règles. Je ne me crispe plus d'angoisses. Je m'ouvre, je me connecte à ma déesse intérieure et j'accueille ce qui est. Je m'informe, je me forme, je lis beaucoup. Miranda Gray est une immense source d'inspiration pour moi. Que de découvertes extraordinaires. Je me connecte à mon essence profonde, à ma vibration intime, à ma petite fille intérieure qui ne demande qu'à se manifester.

Je pars à la découverte des archétypes féminins, je voyage dans les profondeurs de mon être, à l'écoute de mes sens. Quel délicieux voyage. Je comprends alors que mon cycle se compose en quatre phases. Depuis que je prends connaissance de ce qui se passe chaque jour en moi, j'accueille vraiment l'entièreté de mes émotions et de qui je suis. C'est merveilleux de comprendre que chaque femme se compose en réalité de quatre femmes, aux énergies, humeurs et émotions différentes. Je me relie et me connecte à ma petite fille intérieure, à ce qui vibre dans ma profondeur. Je suis en phase avec mon intériorité et j'ose vivre au fil de mes émotions. Je m'apporte beaucoup plus d'amour, de respect, d'abondance, de bienveillance, de douceur, de vulnérabilité. Et là je me pose cette question: Comment se fait-il que jamais personne ne m'ait parlé de ses quatre phases? Comment tant de femmes peuvent vivre véritablement leur vie de femme sans connaître ce qui se passe vraiment en elles? Cette constatation me rend perplexe, triste, et me révolte quelque peu. Il est important pour moi de me demander comment je me sens après chaque fin de phase. Comment est-ce que je les vis? Comment est-ce que je me sens par rapport à la phase précédente? Émotionnellement?Mentalement?Physiquement?

Je ne peux plus vivre sans. Ces données sont de tels bijoux, si précieux. Je me sens vraiment pleine de gratitude face à cette découverte, à cette transmission de femme à femme. Qu'il est bon et doux de me connecter à chacune de ces femmes. Je m'abandonne à leur vibration en me reliant immensément à leur énergie. J'aime me retrouver dans ma phase dynamique, en connexion avec ma petite fille intérieure qui ose, qui s'ouvre, qui joue, qui accueille. Elle m'apporte douceur et émerveillement. Je pétille. Je suis dans l'action. Comme le dit Maïtie Trélün, «je rayonne la femme que je suis comme un coquelicot». J'accueille à bras ouverts l'été, j'ouvre davantage mon cœur. Je déploie mes ailes et offre mon visage à la pleine lune.L'automne arrive. J'expérimente, je crée. Pour ensuite faire le tri en hiver et revenir à ma source.

poème...

"Voix de la guérison

Ferme les yeux et laisse-toi bercer
Bouge ton corps au rythme de la musique.
Lâche prise...
Ressens ton pouvoir féminin,
vibre, fredonne,
Frissonne, souris, pleure...
Sens toi en totale connexion
Avec les femmes du Monde, mères et sœurs.

Prend les par la main
Et ensemble soyez unies,
Reliées, plus fortes.
De la chaleur se diffuse dans tout ton être,
Elles sont là présentes.
Il est temps de partager ensemble
Ce pouvoir divin guérisseur,
De panser les blessures de la Terre Mère,
De vos coeurs,
De vos âmes…
Il est temps d'accueillir la paix intérieure
En chacune de vous,
De réveiller ce don de magicienne
Qui sommeille en vous,
De le vivre,
Le ressentir,
De le partager dans la sororité."

PARTIE 6

QUAND LE MASQUE TOMBE

1 . angoisse et solitude

Aujourd'hui je me sens vulnérable. Je viens de tomber sur le seuil de ma porte en ratant une marche. Je ne peux pas emmener ma fille à l'école. Je me sens seule. Je panique. Comment vais-je faire? Que dois-je faire? Qui appeler? Je me pose tant bien que mal sur mon canapé. J'appelle ma mère. Ma petite fille intérieure a besoin d'une figure maternelle et rassurante. Je sais qu'elle est loin et ne pourra pas faire grand-chose à distance, mais dans ces moments-là, (si rares qu'ils soient) elle reste ma figure d'attachement principale. Elle m'écoute et me rassure. Le stress redescend. Je trouve une solution de garde pour ma fille. Puis j'appelle le SAMU. Le stress remonte. Je me sens seule, paniquée.

L'ambulance arrive. Je sympathise avec les deux ambulanciers. L'un des deux me propose de monter un brancard afin de m'éviter d'avoir à descendre l'escalier en colimaçon qui me sépare du rez -de -chaussée. Mais je lui réponds en rigolant que je peux tout à fait descendre ces marches, à mon rythme, qu'il y a bien plus grave qu'une entorse... Arrivés aux urgences, l'ambulancier va chercher un fauteuil roulant pour me transporter jusqu'à la salle d'attente. A ce même moment, je sens une grande tristesse s'installer en moi. Je me sens fébrile, fragile, vulnérable. Je m'assois sur ce fauteuil. Je pleure de l'intérieur. J'ai mal de cette solitude qui vient m'habiter. Ma petite fille intérieure rentre en contact avec moi, comme si elle avait un message à me transmettre. Je suis là, assise sur ce fauteuil à attendre qu'une infirmière m'appelle. Le temps m'est interminable. La salle d'attente se remplit et des personnes n'ont pas de place pour s'asseoir.

A ce même instant la porte s'ouvre et mon nom est prononcé. Soulagement. Je me lève et marche à mon rythme. Je prends mon temps, mais au moins je marche. Je suis placée dans une salle avant d'aller passer une radiographie. Je repars aux urgences et patiente une bonne demi-heure assise sur un autre fauteuil roulant dans les couloirs. Par manque de place, je me retrouve plantée là, vue sur deux salles ouvertes. Dans l'une un enfant perfusé qui attend avec sa maman, et dans l'autre une femme ensanglantée qui a besoin de soins. A ma droite un vieil homme livide patiente, à ma gauche un père avec sa fille… J'entends des cris et hurlements dans les couloirs. Je ne sais pas où regarder. Je ne sais plus où je suis. Que fais-je ici? Quelle est ma place? J'ai peur. Je me sens seule, abandonnée.

2 . connexion à ma petite fille intérieure

Je me reconnecte à ma petite fille intérieure en manque de tendresse et de soutien. Je veux qu'on m'aime. Je veux que quelqu'un soit à mes côtés. Je me sens si fragile. J'ai la tête qui tourne, des hauts le cœur, de fortes douleurs, envie de crier, de me lever, de partir. Mais je ne bouge pas. J'attends sagement. Je retourne dans une salle. J'attends la visite du médecin. L'attente est interminable. J'ai faim, j'ai soif, j'ai mal. Je pense à plusieurs reprises à appeler une infirmière pour qu'on me soulage, mais je n'ose pas. Je n'ose pas parce que je sais que des personnes sont dans des états bien plus douloureux et dramatiques que le mien et que je n'ai pas le droit de me plaindre. Je prends sur moi. Je ferme les yeux, j'écoute et j'accueille ce que ma petite fille intérieure a à me dire. Des larmes coulent le long de mon visage. Je me tourne et les essuie pudiquement. Non je ne veux pas qu'on me voit dans cet état. Ma vulnérabilité est à fleur de peau. Je fixe les murs, les lumières. J'attends une heure et demie. J'ai le temps de me connecter à ma source, à mon cœur, à ma petite fille intérieure qui ne cesse de me dire d'accueillir ma vulnérabilité. Mais c'est dur. J'ai peur de lâcher prise, peur de ne plus contrôler, peur de m'abandonner. Je garde en moi toute cette tristesse, toute cette solitude. Je n'ai qu'une hâte: rentrer chez moi pour la déverser. Je me sens si seule entre ces quatre murs.

Pourquoi personne n'est présent avec moi? J'ai tellement besoin d'être câlinée, choyée et d'avoir une épaule sur laquelle me reposer un peu. J'en prends conscience. Je verse à nouveau quelques larmes. Je lâche. Je ne sais même pas comment je vais rentrer chez moi, si quelqu'un viendra me chercher. Je repense à mon enfance, à ma mère, à notre éducation. Ne jamais avoir à se plaindre. Être fort, retrousser ses manches et avancer quel que soit l'obstacle à franchir. Et si c'était le moment que j'accueille à nouveau la vulnérabilité de ma petite fille intérieure? Je veux couper ses schémas de vie qui ne me correspondent pas, qui ne sont pas miens. J'ai grandi dans ces croyances là mais elles ne sont pas miennes. Je m'effondre. Quelle puissante révélation. J'écoute mon intuition, cette petite voix intérieure qui m'accompagne, m'ouvre et me montre ma propre voie. J'écoute et me recentre sur ma vibration, sur mes besoins, sur ce qui est juste pour moi. Je reprends contact avec mon moi authentique. Je reste fidèle à ce que je vis, à ce qui vibre en moi. Tout est juste dans l'ici et le maintenant. Il n'y a pas de hasard. J'accueille. Je m'apporte de la douceur en remplaçant les «je dois» en «je peux». Je fais de mon mieux.

Le jour où j'ai compris que la méchanceté de certaines personnes n'était que le reflet de leurs propres blessures intérieures (abandon, rejet, humiliation, injustice, trahison...) j'ai cessé de culpabiliser d'être celle que je suis et j'ai choisi de rayonner ma lumière. Je ne suis ni normale, ni différente, je suis moi. Cette prise de conscience a réellement un impact sur ma façon d'être, de vivre, de grandir, de m'éveiller. Je suis ce bébé, cette petite fille, cette jeune fille, cette jeune femme, cette femme, cette mère, cette amie, cette amante créative, magicienne, sensible, généreuse, vulnérable, sauvage, têtue, maternante, protectrice, séductrice. Je suis authentique, à l'écoute de ce qui est juste pour moi dans l'ici et le maintenant. Connectée à mon essence profonde, je ne triche plus. Je ne cherche pas à plaire à autrui car je sais que la première personne que je dois séduire et aimer c'est moi-même. Je m'apporte douceur, écoute, bienveillance et amour. Je me nourris à ma source pour ensuite les diffuser au monde qui m'entoure.Je suis Amour. Nous sommes Amour. Vibrons notre lumière intérieure afin de la répandre tout autour de nous. Agir ainsi permet à la magie du cœur d'opérer et de retrouver ma paix intérieure.

poème…

"Je choisis l'amour

J'apprends à lâcher prise.
Je ne bloque pas mes sentiments.
Je libère mes peurs, mes émotions.
Je m'ouvre aux autres, à la Vie.
Je me laisse guider.
Je me révèle
Je m'épanouis
J'aime la vie.
Je choisis l'amour …"

PARTIE 7

DES LIENS QUI RECONNECTENT

1. la puissance d'une amitié

Cette année j'ai envie de faire la fête et de m'amuser pour le réveillon du trente et un décembre. Trop d'années que je ne fais rien, à passer la soirée seule avec ma fille ou en famille. Je souhaite que cela change. Je ressens vraiment le besoin de prendre du temps pour moi et de m'amuser. Je m'informe de ce qui se prépare autour de moi et regarde les différents évènements organisés sur les réseaux sociaux.

Tiens, je tombe sur une affiche d'une soirée dans une salle des fêtes postée par une amie Elodie, que je n'ai pas revue depuis quelques années. Ce qui y est mentionné attire mon attention et je lui réponds en commentaire, en lui disant que la soirée est tentante et que si j'étais plus près je viendrais bien. Elle me répond qu'elle serait très heureuse de me revoir et me propose même de m'accueillir chez elle. Les jours passent, et voilà que le sujet du réveillon de la saint Sylvestre revient sur le tapis le jour de noël. Certains remontent à la montagne, d'autres vont manger des coquillages, d'autres font une soirée chez des amis... Je ne veux rien de tout cela. Ma tante ne fait rien, alors on décide de fêter le trente et un ensemble. Puis me revient en tête la proposition de mon amie. J'en parle à ma tante qui s'avère être enchantée par cette soirée. Youpi ! J'appelle alors de ce pas ma copine pour lui demander si elle peut nous héberger ma tante et moi. Nous sommes toutes excitées à l'idée de nous revoir et de célébrer ce passage de la nouvelle année ensemble. Quelle belle synchronicité de vie! Je suis dans l'accueil et voilà que tout se concrétise et s'orchestre parfaitement. Penser fort à quelque chose et le désirer fortement peut faire se réaliser des merveilles! Malgré les six ou sept années sans se voir, je n'ai aucune appréhension à retrouver mon amie. Je suis sereine, confiante et à la fois toute euphorique à l'idée de la revoir. Je vais finir l'année en beauté, je le sais, je le sens. Ma petite fille intérieure est en ébullition. Un vrai électron libre. Je ne tiens pas en place. Je souris sans cesse. Béate. Qu'il est bon de ressentir cette sensation .

Nous voilà arrivées chez Elodie. Je franchis le seuil de sa porte, la regarde, et la prends dans mes bras. Gros câlin. Un grand sourire, les yeux étincelants. Rien n'a changé. Nous sommes les mêmes et notre amitié est intacte. Une vague d'émotions m'envahit. Gratitude à la vie pour ce merveilleux cadeau. On appelle «présent» un cadeau, et je ressens profondément en moi la puissance de ce mot si symbolique. Je vis le moment présent. Rien n'a changé. Tout est pareil. Nous sommes les mêmes. Notre amitié n'a pas pris une ride. Toujours la même complicité, la même relation d'amitié basée sur une confiance infinie. Comme l'impression de s'être vues la veille. C'est beau, puissant et touchant. Je suis émerveillée de partager ces instants de magie en sa compagnie.

Papoter et rire dans une aisance simple et naturelle. Aucun artifice, de l'authenticité spontanée. Qu'il est bon de s'amuser, de danser, de faire la fête ensemble. Je retrouve vraiment la personne généreuse et solaire que j'ai connu. Un vrai bijou. Mon enfant intérieur est en joie. Je suis cette petite fille émerveillée, choyée, aimée qui vit et vibre au rythme de son cœur. Je suis à l'endroit où je devais être, dans l'ici et le maintenant. Mon cœur et mon âme sont connectés et dansent ensemble comme deux amants. De précieux instants de partage, et voilà qu'il est déjà l'heure de reprendre la route.

Les au revoir sont difficiles. J'ai le cœur serré. Comme une envie de ne plus partir et de profiter encore et encore. Le temps passe si vite, surtout quand on se sent si bien, dans une si belle énergie. Je laisse couler mes larmes dans la voiture. Ce sont des larmes de joie. Je prends mon téléphone pour lui écrire quelques messages. Je sais aujourd'hui que nous allons bientôt nous revoir. Retrouver cette complicité dans nos échanges me touche beaucoup. C'est fort et quelque peu indescriptible. Je me sens nourrie et portée par nos retrouvailles. Je baigne dans une douce énergie, dans un océan d'amour qui me relie directement à ma source intérieure. Je suis chanceuse d'avoir de si belles personnes présentes dans ma vie. Et peu importe la distance qui nous séparent, car nos cœurs eux, ne se séparent jamais.

2. le défi des 100 jours

Relever ce défi de changer ma vie en cent jours a été une étape importante dans ma vie de femme. Je me souviens de mes premiers partages, timides sur la partie blog du site. Je partage mes tirages, mes humeurs quotidiennes, des articles... Je me sens tout de suite à l'aise dans cette communauté. Les échanges avec les co-créateurs sont vrais, bienveillants et tellement réconfortants. Arrive ce jour où je décide de passer le cap, de sortir de ma zone de confort et de poster ma toute première vidéo sur le site. Je n'aime pas vraiment mon image face à la caméra, je suis un peu hésitante, fébrile, mais je me lance. Je prends une profonde respiration et clique sur le bouton "ajouter une vidéo". Voilà, ma toute première vidéo est en ligne, visible de tous. Je me sens stressée mais à la fois fière d'avoir franchi le pas. Les premières vues s'affichent, et les premiers commentaires arrivent. Je clique sur le lien pour les découvrir. Mon émotion est immense. Je suis touchée par tant de douceur et d'empathie, par tant d'encouragement et de sincérité.

Les jours passent, je partage de plus en plus de vidéos. Je prends conscience que cet outil de développement personnel a un impact vraiment positif et puissant chez moi. Je me sens pousser des ailes, dans une belle dynamique. Je prends confiance en moi et m'ouvre chaque jour davantage à ma lumière.

Des liens entre les co-créateurs se tissent. Des amitiés se créent. Qu'il est doux et beau de partager en toute liberté, sans filtre ni pudeur, avec des personnes vibrantes, connectées à soi. On passe des heures à échanger sur nos expériences de vie, sur nos vidéos, sur des sujets en commun (spiritualité, développement personnel, alimentation, abondance, synchronicités...). Des rencontres réelles s'organisent et des amitiés sincères voient le jour. Quelle merveilleuse aventure personnelle et humaine ! Les saisons défilent à une allure grand V. Je m'ouvre et m'épanouie de plus en plus. Je renais. Je me libère. Je suis tout simplement moi. Aucun filtre, je ne triche pas. Le défi m'accueille les bras ouverts, plein d'amour et de générosité.

Les saisons défilent, je viens de commencer ma dixième! Quel délice de partager encore et encore avec vous, mes chers amis. Merci d'oser révéler qui vous êtes, de croire en vous et aux autres cocréateurs.

Merci à Lilou Macé pour la création de ce merveilleux outil, pour l'impact que le défi a sur les hommes et les femmes.

poème…

"Libération

Je sors de ma timidité,
Je libère mes secrets,
Je retrouve mon authenticité.
J'agis avec mon instinct,
Je défends mes idées,
Tout devient accessible.
Tout est possible.
Je suis dans l'abondance…"

PARTIE 8

GUÉRISON AVEC L'OEUF DE YONI

1. ma masculine

"J'accepte cette ombre, cette force, cette route du guerrier. J'accroche tes plumes à ma couronne. J'invite tous les hommes de ma lignée, du passé et du présent pour ce cercle. Je suis ce pont entre blessure et pardon."Ma masculine vient de naître". Pour guérir, avancer sur notre chemin de femme, nous devons soigner, pardonner l'homme qui sommeille en nous. Je suis homme et femme dans mon intériorité même si je suis incarnée en femme dans le corps d'une femme. Je le pressens, je le sais ou je l'ignore, je le découvre, je l'accepte ou le rejette.

A toi homme de ma lignée, homme de mon passé. Homme sensible et amoureux; homme mythomane, trompeur, lâche, profiteur, et irresponsable; homme malheureux, émotif, perdu, triste ou blessé, avec qui j'ai vécu... Je t'en ai voulu, je t'en veux mais aujourd'hui je chemine, je suis accompagnée. Il est temps pour moi de te pardonner, de guérir ce féminin blessé, de libérer mes cuirasses, de libérer ces mémoires qui ne m'appartiennent pas. Il est temps que cela change. Il est temps que j'écoute mon intériorité, mon utérus, ma grotte sacrée, ma yoni. Je veux que des pierres précieuses y résident. Oui des pierres précieuses et non des métaux lourds, violents. Je prends soin de moi, je m'écoute, je m'autorise à être heureuse, épanouie, amoureuse, aimante et aimée. Il est temps. Homme, je te pardonne.

Femme, je te pardonne. Lauriane, je te pardonne.
Oui, je me pardonne.

2. femmes de ma lignée

Sort tristesse, sort violence, sort souffrance, je
nous libère. Toi mon corps, mon utérus, mon coeur,
mon âme, nous sommes libres. Je libère toutes ces
mémoires qui ne sont pas les miennes. Je libère
toutes ces souffrances, toutes ces violences, tous
ces deuils et tout ce poids. Je libère.... Va, sors de
ma grotte sacrée, change ce béton en joyaux. Il est
temps de te chérir, de nous chérir.
Je pardonne à ma mère, à nos mères, à nos
grands-mères, à toutes ces femmes dans ma
lignée, à tous ces mensonges dans ma lignée. Je
pardonne à mon père, aux hommes, à tous ces
hommes qui nous ont blessés. Je libère toutes ces
mémoires. Je soigne mon féminin blessé et je
m'harmonise avec mon masculin sacré. Les deux
s'équilibrent, je le sens au plus profond de moi.
Tout s'écoule à la terre mère. Je me sens à présent
plus légère et plus sereine. Qu'il est bon de te
sentir, qu'il est bon de te chérir, qu'il est bon de ne
faire qu'un, et d'être connectée à toi. Qu'il est doux
de te guérir, de prendre soin de toi, toi, mon utérus,
si longtemps abandonné, si longtemps délaissé. Je
t'aime, je nous aime. je m'aime. Je suis prête à
accueillir la douceur, la tendresse, le partage et le
véritable amour . Je le mérite, nous le méritons.

poème …

"Femme

Femme de cœur.
Femme sauvage.
Femme lunaire.
Femme solaire.
Tu m'es si chère.
Toi ma Terre Mère.
Mère Divine.
Femme sacrée.
Femme puissante.
Pleine d'énergie,
Donneuse de vie.
Mère protectrice.
Femme guérisseuse.
Tu m'es précieuse."

3. ma yoni blessée

Femme, guérit mon ventre, guérit mon utérus, libère les mémoires ancestrales de ma lignée qui ne m'appartiennent pas. Libére-moi de toutes ces mémoires, je suis prête. Mère, chante, soulage, apprends-moi la médecine, soigne mon coeur, transmet moi tes dons. Je te vénère et te bénis. Tu me protèges et soignes mes blessures. Libère mes mémoires, fait peau neuve, nettoie mes peines.

Purifie mon ventre, allège-moi, fais place au renouveau.

Cette petite part d'âme encore présente en moi demande à sortir, à se libérer, à me libérer, à laisser de la place dans mon utérus, dans mon ventre pour accueillir à nouveau la vie. Tant qu'elle sera présente encore en moi, ça me sera difficile, comme si mes cellules, mes organes et mon corps tout entier ne pouvaient accueillir à nouveau la vie, tant que cette petite part d'âme ne se sera pas envolée vers d'autres horizons.

Mon corps ondule, libre, il vit. J'ai mes mains sur mon ventre, je le caresse, il est rond, telle la pleine lune, chargé encore en mémoires. Le voilà prêt à accueillir une nouvelle vie. Accompagne-moi sur ce chemin, je te fais confiance. Je sens ta présence et ta chaleur. Tu m'ouvres tes bras et ton cœur. Je sens et perçois cet halo de lumière, cette toile que nous tissons ensemble. Tu es ma gardienne, ma magicienne, mon ange gardien, cette déesse mère qui veille sur moi. merci d'être et d'incarner ta puissance de femme.

poème...

Mon utérus

"Je suis dans ce cheminement,
Où j'ai besoin de me connecter
Et de comprendre
Ce que me dit mon utérus.
Je désire le choyer,
Lui rendre toute son importance,
Lui, trop longtemps mis de côté.
J'ai besoin de me libérer,
De libérer toutes ces ondes négatives
Que je porte en moi,
Qui ne m'appartiennent pas, ou plus…
Il m'arrive de méditer,
De te bénir,
Toi,
Étranger hier,
Et allié aujourd'hui…
Et je sais que ce n'est que le début
D'une longue et belle découverte…"

PARTIE 9

L'APPEL DU FÉMININ SACRÉ

1. cercles de femmes et tentes rouges

La découverte des tentes rouges a été des plus révélatrices. Je me suis sentie davantage reliée aux femmes, à l'énergie féminine, en moi, autour de moi. Et quelle découverte ... J'ai participé à ma première tente rouge en mai 2013, plus précisément le trois mai, jour de mon anniversaire. Que de symbolique en cette date merveilleuse. Rien n'arrive par hasard. Je crois au ici et maintenant, aux synchronicités de la vie. Que de tournants dans ma vie de femme ! L'appel du féminin sacré vient de frapper à nouveau. Il est encore plus puissant. Participer à cette tente rouge m'a à jamais transformée et ouverte au monde. Partager sous cette tente, entourée et accompagnée d'une dizaine de femmes m'a transporté d'émotions. Quel merveilleux lieu: quelle ambiance cosy et chaleureuse, rassurante et sécurisante où l'énergie de la Terre Mère se fait de suite ressentir. Gaïa, oh ma chère Gaïa, je te sens à mes côtés, connectée à toi, à ton essence, à ta puissance, à la terre sacrée sur laquelle je suis assise. Mes sens sont en éveil. Des larmes m'envahissent, je les accueille, je les laisse couler. Une main frôle la mienne, un mouchoir m'est tendu. Le silence est présent, accueillant, apaisant... Je me sens à ma place. Je laisse couler les perles d'eau sur mon visage. Elles me nettoient, me purifient... Des chaînes se brisent, je me libère de tant d'émotions comprimées, réprimées, que je m'empêchais de laisser couler...Je me sens en sécurité la plus totale. Ô chères femmes, combien je vous remercie. Je sens encore la chaleur de votre présence en moi. Vous êtes là, présentes, et ça me réchauffe le cœur. J'ai su à ce moment précis quelle était ma mission de vie : Devenir et être une prêtresse du féminin sacré, une femme «prête à tresser», prête à tisser, prête à lier, prête à partager, prête à transmettre... Entre femmes, avec des femmes de tout horizon, de toute religion, de statut confondu, de tout âge. Une transmission de sœur à sœur, main dans la main, cœur contre cœur, d'âme à âme...

Et me voilà quelques mois plus tard, entrain de faciliter ma première tente rouge. Qu'il est vibrant et émouvant de la préparer. Je me sens vivante, dans mon élément et à l'écoute de ce qui m'anime et me transporte. Je m'ouvre à la lumière, j'accueille. J'ai soif de transmission. La tente est installée, prête à accueillir mes "soeurcières" en toute bienveillance. Quelle joie immense de lire des regards et des sourires sur leur visage; timides, francs, hésitants mais chargés de confiance. Quelle émotion de ressentir cela. Ma place est là, et nulle part ailleurs. Je suis touchée de voir ces femmes s'ouvrir et se confier peu à peu. Elles se dévoilent. Elles ressentent qu'elles ne sont pas seules. Nous sommes toutes connectées, reliées les unes aux autres, aux énergies de la Terre Mère. Je me présente en premier puis je les invite, chacune à leur tour, à faire de même. Ce tour de cercle est important, il permet de se sentir davantage unies, en confiance, et de s'ouvrir plus facilement dans la posture que l'on peut avoir et dans la prise de parole. Je les informe qu'il n'est pas obligé de parler, et qu'apporter son écoute est déjà un très beau cadeau. Il est dans mon rôle de Prêtresse, de veiller à ce que tout se déroule bien, dans le respect et la bienveillance la plus totale.

" Sororité

Les femmes se sentent bien, en confiance et prennent peu à peu la parole. Leur coeur parle, les émotions sont palpables.
Des rires, des larmes, des silences...
Un cercle de femmes puissant, sécure, tendre, apaisant, serein. Une bulle de protection et de douceur nous englobe et nous lie les unes aux autres.
Qu'il est tendre ce moment. Je me sens bien, apaisée, en sécurité, aimée, écoutée, cajolée par des femmes généreuses, des amies, que j'aime profondément.
Je voudrais arrêter le temps et faire que cet instant ne s'arrête pas... "

Je suis gardienne de la tente. Je suis au petit soin pour mes sœurs de cœurs présentes aujourd'hui. Je prends plaisir à les choyer, à leur offrir cet espace de paroles, d'échanges, hors du temps. Les plaids, les coussins, les tissus, les verres, les bougies et les guirlandes sont dans les tons de rouge orangé pour une ambiance intimiste, symbolisant les lunes rouges célébrées depuis des années dans les tribus amérindiennes Navajo. Les femmes se réunissaient pour parler de leurs menstruations, de sexualité, de féminité pendant leur période de règles. J'aime proposer des collations et du thé: des fruits secs, du yogi tea, du chocolat, des mandarines (pour leur super odeur qui se diffuse sous la tente), et tout ce que les participantes auront apporté, à partager ensemble. Il est agréable de rendre ce moment chaleureux, propice aux échanges, à la connexion entre sœurs. Pour faciliter la prise de parole, j'aime mettre à disposition des outils tels que: des cartes à tirer (oracle «féminitude», «terre de louves», «oracle de Gaïa»), des mots à tirer (dans un sac en soie je dispose des petits bouts de papiers pliés avec des mots inscrits dessus du genre «ma féminité et moi», «famille», «couple», «je me sens...», «mon corps me dit...»), des objets à tirer (en relation avec le thème ou la féminité en général (pierre, clé, tissu, cup, bijou...). Je précise toujours que ces objets sont mis à disposition, qu'il n'est pas obligatoire d'en tirer un, mais que si le cœur leur en dit, elles peuvent en tirer un ou plusieurs, selon leur convenance, et qu'elles peuvent aussi partager avec nous qu'un objet, ou deux, ou aucun....C'est vraiment important pour moi que chaque femme se sente libre d'agir en son âme et conscience, connectée à son féminin intérieur. Oser être soi, partager ses ressentis, ses émotions, ses peurs, ses peines, ses joies, en lâchant prise, en accueillant ce qui se passe en soi, ce qui se libère, en toute bienveillance, dans le non jugement et le respect. Je veille vraiment à ce que chacune d'elles se sente en sécurité sous la tente ou dans un cercle.

Je lis souvent un texte pour ouvrir la tente rouge, et j'aime proposer une méditation à la fin, avant de la clôturer avec le fil rouge (signe d'unité et de confidentialité: ce qui est dit sous la tente restera sous la tente). Il m'arrive aussi de proposer un chant (vibrations, mantra...) et un petit rituel de massage de sœurs à la fleur d'oranger (chaque femme, tour à tour, dit un petit mot à sa voisine en lui massant les mains en la remerciant). J'ajoute souvent en début ou fin que je suis disponible pour tout échange après une tente ou un cercle, et de ne pas hésiter à m'écrire un mail ou à m'appeler si le besoin s'en faisait sentir quelques jours après. C'est important de ne pas rester avec une lourdeur ou une interrogation sans réponse. Parfois des émotions fortes et lourdes sont déposées et certaines personnes ont du mal à laisser tout cela sous la tente et repartent avec ce «poids» qui ne leur appartient pas. C'est vraiment une porte qui s'ouvre, une continuité du lien après et en dehors de la tente, à laquelle je tiens. Une prêtresse du Féminin Sacré au sein d'un cercle de femmes ou d'une tente rouge a vraiment pour mission la transmission, la bienveillance, le respect, le non jugement, l'accueil, l'écoute et le partage entre femmes. Être dans l'ouverture du cœur, généreuse, gardienne, maternante. Être sans attente, dans le don de soi. Faire que chaque bouton de rose s'ouvre, que chaque chrysalide devienne un papillon, et que chaque papillon prenne son envol et déploie ses ailes.

C'est aussi permettre aux femmes de se reconnecter à leur intériorité, à leur féminité, de renaître à leur essence féminine, d'oser être qui elles sont, sans peur ni jugement, d'être libres de partager ce qu'elles ont sur le cœur. Leur offrir un espace chaleureux, cosy, intime, de confiance, un lieu dans lequel elles se sentent bien, déconnectées de leur routine quotidienne, de lâcher sans tabou, et de partager cela avec d'autres femmes.

poème…

" Bienvenue

Bienvenue sous la tente, Fille de la Terre,
Pénètre la puissante enceinte de ta Mère.
Viens et assieds-toi auprès du feu,
Déposer tes paumes au creux de nos mains,
Que ta présence boucle le cercle vertueux.
Que ce soir honore et sacre le Féminin.
Laisse-toi porter par cette énergie,

Ouvre ton cœur et ton âme en sécurité.
Gardiennes et guerrières nous voilà unies,
Par ce lien si fort qu'est la sororité.
Adonnes-toi à ton féminin intérieur,
Luises-tu des sensations qui se manifestent ?
A présent, rejoins-nous dans ce monde enchanteur
Et Deviens toi aussi notre sœur céleste."

2. mission de vie

J'ai entendu l'appel du féminin sacré en 2013, au cours de ma formation au métier de doula. J'ai, au départ, débuté cette formation pour panser mes blessures de femme à bout de mère, puis peu à peu je me suis reconnectée à mon féminin intérieur, à mon essence profonde, à ce «moi véritable» qui me faisait me demander : Qui je suis? Qu'est-ce qui vibre au plus profond de moi? Il était temps de renaître, de réveiller et de révéler la femme sauvage et nomade qui sommeillait en moi.

Je suis allée puiser à la source, au fond de mes entrailles, dans mon ventre, dans ma grotte sacrée, au plus profond de mon cœur, de mon corps et de mon âme pour me réaligner à celle que j'étais. Libérer des émotions, relâcher des tensions, oser être moi, ne plus me cacher, sans avoir peur d'être jugée. J'ai cheminé, je me suis ouverte, à moi, au monde...J'ai laissé parler mon corps et mon cœur en relâchant mon mental bien trop sclérosant jusqu'alors, qui empêchait la chrysalide de devenir un majestueux papillon. J'ai su trouver de la bienveillance et de l'empathie lors des cercles tout au long de la formation. Cette entente féminine m'a vraiment permise de m'ouvrir tel un bouton de rose. Qu'il est doux de sentir ce regard bienveillant plein de sagesse posé sur moi, qu'il est réconfortant de sentir cette main rassurante sur la mienne, qu'il est tendre de sentir cette puissante énergie féminine circuler et se diffuser dans cet espace magique. Un moment hors du temps, dans l'intimité, le partage, la transmission qui fait du bien au cœur... Quelle révélation. Je me suis ouverte aux femmes du monde, aux femmes de ma lignée, à ces femmes, à ces mères, à ces filles... Reliées dans la sororité. Quelle puissance! Qu'il est bon de se sentir choyée, écoutée, soutenue, entendue, épaulée, réconfortée... Depuis cet instant, je ne me suis plus jamais sentie seule. Une telle connexion aux femmes m'a envahi et ça m'a submergé d'émotions. J'ai alors conscientisé à ce moment-là que je serais toujours accompagnée. J'ai rapidement voulu transmettre ce que je vivais lors de ma formation. Tout était si enrichissant, si bouleversant, si intense...

Aider les femmes à sortir de leur isolement et les faire prendre conscience qu'elles ne sont pas seules, qu'ensemble on ira plus loin et qu'on se soutiendra. Être alignée, équilibrée sur la voie de l'âme, du cœur et du corps. Être à l'écoute de soi pour mieux être à l'écoute des autres et accompagner les femmes sur leur propre chemin...

Telle est ma mission que j'accepte aujourd'hui à bras ouverts. Je me nourris de mon expérience personnelle et des différentes formations pour m'enrichir aujourd'hui dans mon métier. Il me tient à cœur d'apporter une écoute et une présence bienveillante aux femmes, de leurs transmettre des informations et mes connaissances, de les soutenir dans leurs choix, de les aider à prendre confiance en elles et de s'épanouir dans leur féminité.

J'accompagne les femmes à s'éveiller à leur puissance féminine au cours des différentes étapes de leur vie (le nouveau né, l'enfant, l'adolescente, la jeune fille, la femme, la mère, la grand-mère).

Les accompagnements en coaching ou en ateliers, les cercles de femmes, les tentes rouges, la pratique de l'œuf de yoni, le soin énergétique Isis.. et ce livre sont vraiment des outils précieux que je propose aux femmes. J'aime et je suis fière de la mère, de la femme et de l'accompagnante que je suis et je ne changerais ma place pour rien au monde.

poème...

"Merci

Je me rends compte que immensément de belles choses et projets se mettent naturellement en place, que j'avance peu à peu sur mon chemin, de moins en moins sinueux.
Je me sens davantage en confiance, je m'ouvre aux gens et à la vie, j'ose être celle que je suis et m'affirmer, me révéler.
Merci à toutes ces personnes mises sur ma route, merci à celles qui sont encore là aujourd'hui et chères à mon coeur.
Merci pour tous ces moments de partages, merci de croire en moi, en mes projets, en celle que je suis.

Je choisis d'être moins dure envers moi même, d'avancer, de lâcher prise et de m'adonner à la beauté de la vie et aux opportunités qu'elle m'offre.

Je ne veux plus passer à côté et laisser le doute et la peur me scléroser. La chrysalide devient papillon, elle déploie ses ailes et OSE sortir de sa zone de confort."

Je suis Lauriane, thérapeute holistique, qui a pour mission d'aider les femmes à s'épanouir pleinement dans leur féminité et leur intimité.

Aujourd'hui je choisis d'ouvrir davantage mon offre d'accompagnement en proposant également un coaching autour du couple et de la sexualité. J'ai toujours eu soif d'apprendre et de transmettre mes savoirs et mon expérience. C'est mon parcours de vie, les différentes épreuves rencontrées et affrontées qui m'ont amenées vers le Coaching et la relation d'aide. C'est vital pour moi d'accompagner, d'écouter, de conseiller et de transmettre. Être coach est un métier passion car en vous guidant, en accompagnant hommes et femmes, je m'accompagne aussi moi même sur le chemin de l'éveil, de connaissances et de l'épanouissement personnel.

La toile se tisse. Elle se dessine et prend tout son sens. Des portes s'ouvrent. La lumière rayonne ses doux reflets et me réchauffe le cœur. Qu'il est agréable de se lever chaque matin avec des rêves et de se donner la possibilité de les vivre chaque jour en jouissant de ce qui nous passionne !

Il est essentiel de croire en soi et en ses projets, de s'apporter respect et bienveillance, de s' aimer et de se choisir. Nous sommes des êtres merveilleux. Il est temps de révéler notre plein potentiel. Partageons au monde nos talents. Osons être qui nous sommes.

Je transmets cela à mes clientes en les accompagnant à se reconnecter à leur essence profonde et libérer leur puissance de femme.

Voici quelques témoignages...

EliseRose :

"Mille mercis pour ce partage Lauriane, c'est très beau la façon dont tu en parles, avec beaucoup d'émotions et de sincérité, de simplicité... Petite synchronicité pour moi puisque je viens de réintroduire mon œuf hier après plusieurs mois où je l'avais abandonné... Les cercles que tu animes doivent être magnifiques...c'est en projet pour moi aussi d'en animer un jour. Bien à toi, beaucoup d'amour, ode aux œufs de jade et à nos yonis!"

Anne F :

"Avant de faire le soin, on a parlé de ma flamme jumelle. Comment je l'ai rencontré et ce que je ressens pour lui. La séparation qui est dure pour moi. L'impression de ressentir une perte comme ci je revivais sa mort.Sûrement un souvenir de mes vies antérieures. Je me sentais bloquée et d'une tristesse que mon chakra du coeur.
Je ressens à présent une belle énergie d'amour. La connexion de Lauriane est douce et Isis me

protège par sa puissance divine.

J'aime beaucoup: je me sens légère au niveau du chakra du coeur ainsi qu'au niveau du plexus.

J ai entendu : " aimes toi comme tu as l'habitude de faire.Reconnectes toi à ta divinité."

J ai senti des énergies comme un nettoyage, comme une vague énergétique. En haut du coeur. Je me suis rendu compte que j'étais bloquée et grâce à Lauriane j' ai ressenti cette belle énergie remontée dans mon chakra coronal. Après le soin, je me sens différente et je ressens une énergie lumineuse. Lauriane a un don de guérisseuse. J'ai ressenti son amour et sa douceur. Une belle âme féminine qui nous reconnecte à notre divinité sacrée et nous aide à notre guérison.

Un grand merci."

Joy :

" J'ai choisi de me faire accompagner par Lauriane pour une séance de reconnexion à mon placenta.

J'avais besoin de son énergie douce, enveloppante et rassurante pour faire ce chemin.

Elle m'a accompagné à distance car j'habitais loin d'elle et cela ne m'as pas dérangé, j'y ai même trouvé le confort d'être de ne pas être observée et en même temps de vivre intensément le processus de reconnexion.

Sa puissance, son centrage et sa qualité d'être m'ont permis d'accéder à de vieilles mémoires qui auraient été trop difficiles à accéder seule. Lauriane m'a amené dans la douceur et la sécurité à rencontrer des parts de moi qui me faisaient peur et que je ne connaissais pas.

J'en suis ressortie, grandie, rassurée, empuissancée et guérie de certaines peurs.

Merci de tout cœur Lauriane. ♥♥♥"

Delphine :

"J'ai reçu la création "Union sacrée " de Lauriane et en la voyant j'ai ressenti une énergie très forte.

Je me suis sentie immédiatement reliée à ma source de vie dans une énergie profonde de guérison.

Je ne m'attendais pas à cet effet.

Pour moi ses créations sont de précieux outils vibratoires pour guérir ses blessures liées à la venue sur Terre.

Je vous recommande chaudement ses créations.
Je suis plus que ravie ♥♥♥."

Sonia *:*

"Merci Lauriane, c'est vraiment magnifique comme tu en parles avec amour, grande douceur, bénédiction, gratitude, conviction, honneur, confiance.... un bel hommage aux vertus des œufs de yoni et leurs pouvoirs féminins magiques!
Merci, car ça atténue mes "pseudo-peurs" de cet outil inconnu pour moi. Autant je m'intéresse avec passion à la lithothérapie depuis enfant, autant j'ai peur d'insérer un œuf dans mon vagin."

MumuSe:

"Bonjour Lauriane, encore un tout grand merci pour les méditations guidées sans lesquelles je n'aurais jamais fait cette bénédiction que je me promets de faire depuis au moins 2 ans!
C'est grâce à vous, Merci!
Mu MuSe"

Remerciements

Merci à ma fille, ma petite merveille d'être arrivée dans ma vie et de rendre chaque jour plus beau. Tu es ma soif de vivre, mon inspiration, mon oxygène... Continue à aimer la vie, à aimer les gens, à t'aimer toi ma douce fée des îles. Je suis fière de toi. Je t'aime infiniment.

Merci à ma maman pour son soutien, pour son écoute et son amour inconditionnel. Je t'aime.

Merci à ma famille. Marlène, Sylvain, papa... je vous aime.

Un merci particulier à ma mamie, Armande, dont je parle dans le livre. Une femme aimante et aimée, que j'aime de tout mon coeur. Tu me manques....

Merci à mes amies, Stella, Bérangère, Elodie, Dominique pour votre soutien et votre présence. Votre amitié m'est précieuse. Je vous aime.

Merci à Pascale, à Aurélie, et à mes collègues et amies doulas pour votre bienveillance, votre douceur, votre soutien et votre présence pendant cette année de formation. Vous êtes dans mon coeur.

Merci à Vanessa pour sa confiance en moi et en mes projets. Merci pour nos belles co-créations et nos partages autour de la naissance et du féminin. Je t'aime.

Merci aux femmes croisées sur ma route, aux mères et aux couples qui me font confiance. Nos rencontres et nos échanges sont gravés dans mon cœur et dans mon esprit. Merci pour tout cet amour partagé. Je suis sincèrement heureuse de partager de tels moments intimes à vos côtés.

Merci à toutes les femmes inspirantes Miranda Gray, Jamie Sams, Sylvie Bérubé, Maïtie Trélun... et bien d'autres qui incarnent merveilleusement la beauté du féminin.

Merci à l'association Maman Blues pour son engagement et son soutien précieux auprès des mères en difficulté. Merci à Elise.

Merci à Hélène pour sa bienveillance, son soutien, sa disponibilité, son écoute et sa confiance. Merci pour ta relecture. Merci d'avoir accepté d'écrire la préface de mon livre. Merci de croire en moi, en mes projets. Tu es tellement inspirante, authentique, aimante. Je suis vraiment touchée et honorée.

Merci à Dolce Poppy d'avoir adhéré à mon projet avec enthousiasme et bienveillance. L'illustration reflète tellement qui je suis et ce que je souhaitais véhiculer dans ce livre. Merci pour cette belle collaboration qui me touche au cœur.

Références

- Livres de Miranda Gray : "Lune Rouge" et "la femme optimale"

- Livres de Maïtie Trélun : "Stella et le cercle des femmes" et "le trésor du cycle féminin"

- Oracle de Yaël Catherinet : "Choeur de femmes"

Site internet

- Féminité holistique et Love coaching: *www.laurianecoaching.wordpress.com*

- Compte Facebook : *Lauriane Coaching*

- Compte Instagram: *lc.lovecoach*

© 2021, Cartier, Lauriane
Edition : Books on Demand,
12/14 rond-Point des Champs-Elysées, 75008 Paris
Impression : BoD - Books on Demand, Norderstedt, Allemagne
ISBN : 9782322155804
Dépôt légal : mai 2021